essentials

Essentials liefern aktuelles Wissen in konzentrierter Form. Die Essenz dessen, worauf es als „State-of-the-Art" in der gegenwärtigen Fachdiskussion oder in der Praxis ankommt. *Essentials* informieren schnell, unkompliziert und verständlich

- als Einführung in ein aktuelles Thema aus Ihrem Fachgebiet
- als Einstieg in ein für Sie noch unbekanntes Themenfeld
- als Einblick, um zum Thema mitreden zu können

Die Bücher in elektronischer und gedruckter Form bringen das Fachwissen von Springerautor*innen kompakt zur Darstellung. Sie sind besonders für die Nutzung als eBook auf Tablet-PCs, eBook-Readern und Smartphones geeignet. *Essentials* sind Wissensbausteine aus den Wirtschafts-, Sozial- und Geisteswissenschaften, aus Technik und Naturwissenschaften sowie aus Medizin, Psychologie und Gesundheitsberufen. Von renommierten Autor*innen aller Springer-Verlagsmarken.

Lorenz Schlotter

Recruiting von Vertriebsexperten

Wie Sie hochmotivierte Leistungsträger für Ihren Vertrieb gewinnen

 Springer Gabler

Lorenz Schlotter
Schlotter HR
Stuttgart, Deutschland

ISSN 2197-6708   ISSN 2197-6716   (electronic)
essentials
ISBN 978-3-658-46927-6   ISBN 978-3-658-46928-3   (eBook)
https://doi.org/10.1007/978-3-658-46928-3

Die Deutsche Nationalbibliothek verzeichnet diese Publikation in der Deutschen Nationalbibliografie; detaillierte bibliografische Daten sind im Internet über https://portal.dnb.de abrufbar.

Springer Gabler ist ein Imprint der eingetragenen Gesellschaft Springer Fachmedien Wiesbaden GmbH und ist ein Teil von Springer Nature.
Die Anschrift der Gesellschaft ist: Abraham-Lincoln-Str. 46, 65189 Wiesbaden, Germany

Wenn Sie dieses Produkt entsorgen, geben Sie das Papier bitte zum Recycling.

Was Sie in diesem *essential* finden können

- Ein Verständnis dafür, wieso Leistungsträger im Vertrieb besonders wichtig sind.
- Praxisorientierte Methoden, um diese Zielgruppe von Ihren Vertriebsstellen zu überzeugen.
- Tipps und Tricks, wie Sie Ihr Jobangebot effektiv formulieren und kommunizieren.
- Ein Framework für erfolgreiches Jobselling im Interview mit Kandidaten.

Gender-Hinweis

Aus Gründen der besseren Lesbarkeit verzichten wir auf die gleichzeitige Verwendung männlicher und weiblicher Sprachformen. Sämtliche Personenbezeichnungen gelten gleichermaßen für beiderlei Geschlechter und sollen keine Benachteiligung des jeweils anderen Geschlechts darstellen.

Inhaltsverzeichnis

Über den Autor

 **Lorenz Schlotter** ist Wirtschaftssoziologe (M.A.) und seit 2019 mit seiner auf Vertriebspersonal spezialisierten Personalberatungsfirma „Schlotter HR" am Markt etabliert. Schlotter HR ist eine BDU-akkreditierte Personalberatung, die mit wissenschaftlich validen Methoden leistungsorientierte Fach- und Führungskräfte im Vertrieb sucht, findet, überzeugt und selektiert. Zusätzlich profitieren Kunden in diesen Bereichen von Beratung und Training.

Einblicke in die Arbeit von Lorenz Schlotter erhalten Sie auf dem Youtube-Kanal „*Lorenz Schlotter – Recruiting im Vertrieb*" oder auf Instagram unter „*lorenz_schlotter*".

Kontakt
Web: www.shr-recruiting.de
Kontakt: info@shr-recruiting.de

Einleitung 1

1.1 Lesen Sie dieses Kapitel zuerst

Wussten Sie, dass ein Leistungsträger im Vertrieb bis zu dreimal höhere Umsätze erwirtschaftet, als ein durchschnittlicher Vertriebler[1]? Dieses Buch wird Ihnen dabei helfen, systematisch und auf einfache Weise hochmotivierte Leistungsträger für Ihren Vertrieb zu gewinnen. Mit Leistungsträgern sind Menschen mit überdurchschnittlicher Leistungsmotivation, Gestaltungsmotivation und Karriereorientierung gemeint.

Anstatt sich auf die Personalauswahl von Leistungsträgern oder technische Aspekte des Recruitings zu konzentrieren, legt dieses Buch den Fokus auf die Grundlage erfolgreichen Leistungsträger-Recruitings: Wie Sie Ihre Vertriebspositionen so gestalten und präsentieren, dass sie für Top-Talente unwiderstehlich werden. Das bedeutet: Sie lernen, welche Merkmale Sie transportieren oder noch entwickeln müssen, um diese Zielgruppe für Ihr Unternehmen gewinnen zu können.

Die direkte Verbindung des Vertriebs zum Umsatz und die transparente Messbarkeit von Leistungen machen diesen Bereich besonders spannend – aber auch herausfordernd. Während in anderen Berufsfeldern die Performance oft schwer messbar ist, lässt sich im Vertrieb der Wert eines Mitarbeiters klar in Zahlen ausdrücken. Der Unterschied zwischen einem Leistungsträger und einer Person, die im Vertrieb unterdurchschnittliche bis durchschnittliche Leistungen zeigt, hat für Unternehmen überlebensnotwendige Auswirkungen. Aus diesem Grund zeigt

---

[1] (Dixon & Adamson, 2013).

L. Schlotter, *Recruiting von Vertriebsexperten,* essentials,
https://doi.org/10.1007/978-3-658-46928-3_1

Ihnen dieses Buch nicht, wie Sie ganz allgemein Vertriebsexperten gewinnen können, sondern insbesondere, was die Leistungsträger im Vertrieb von ihren Arbeit-
gebern erwarten und wie Sie diese spezielle Zielgruppe gewinnen können.
Mein Tipp an Sie: Arbeiten Sie dieses Buch von Anfang bis Ende durch. Die
Inhalte bauen aufeinander auf und sind besonders wertvoll, wenn Sie sie Schritt
für Schritt durchgehen.

Wenn Sie zusätzlich an Auswahlprozessen im Vertrieb interessiert sind, finden
Sie auf unserer Website www.shr-recruiting.de sowie auf meinem YouTube-Kanal
und Instagram-Profil praktische Tipps und Anregungen.

1.2   Vertriebsrecruiting ist unterschätzt

Warum gilt der Beruf des Verkäufers in Deutschland oft als unseriös, obwohl kein
Unternehmen ohne Vertrieb überleben kann? Warum hat das Wort *verkaufen* bei
uns einen negativen Beigeschmack und wird von vielen Menschen mit Manipula-
tion verbunden?

Viele Menschen (und wahrscheinlich auch Sie) kaufen immer wieder Dinge,
die sie eigentlich nicht brauchen oder von denen sie sich mehr erwartet hatten.
Am Ende ärgern sie sich, weil das Produktversprechen nicht eingehalten wurde
und manchmal auch, weil sie in einem schwachen Moment nicht widerstehen
konnten. Daraus kann eine Unzufriedenheit entstehen, die der Käufer oft mit der
einzigen mental verfügbaren Person des Kaufs in Verbindung bringt: Dem Verkäufer, bzw. Vertriebler[2].

Fakt ist: Nahezu jeder ist immer wieder Situationen ausgesetzt, in denen uns
etwas verkauft wird. Und nahezu jedem Menschen wurde bereits etwas verkauft,
das sich später als Fehlkauf herausgestellt hat. Dementsprechend ist der Verkäufer
häufig Ursache für negative Erfahrungen mit Dienstleistungen oder Produkten.
Er ist derjenige, der oft als „Gesicht des Unternehmens" den Ärger des Kunden
abbekommt. Menschen aus der Entwicklung, Produktion oder Geschäftsführung
haben diese Herausforderung meistens nicht.

Selbstverständlich gibt es im Vertrieb sowohl kompetente als auch in-
kompetente Menschen. Und selbstverständlich gibt es Unternehmen, die ihre

---

[2] (Gigerenzer & Gaissmaier, 2011).

Vertriebler darauf ausrichten, „um jeden Preis zu verkaufen". Negative Erfahrungen mit Vertrieblern macht Vertrieb und Verkauf jedoch per se nicht unseriös. Sind die Produkte oder die Dienstleistung minderwertig, ist nicht (nur) der Vertrieb Schuld, sondern die Menschen, die für die Vertriebsstrategie und das Geschäftsmodell verantwortlich sind.

Welche Berufsgruppen genießen in Deutschland hingegen ein hohes Ansehen? Das sind jene, die dem Gemeinwesen einen offensichtlichen Mehrwert bieten: Feuerwehrmänner, Krankenpfleger, Ärzte, Altenpfleger und Polizisten. Sie bieten dem Gemeinwesen einen offensichtlichen Mehrwert und sind bereit, in Extremsituationen zu handeln – Fähigkeiten, die viele Menschen bewundern. Bei diesen Berufsbildern ist für die meisten Menschen jedoch auch klar, welche Kompetenzen die Menschen in diesen Berufsgruppen mitbringen und wie ihr Arbeitsalltag grob aussieht.

Welche sichtbaren Kompetenzen hingegen besitzt ein Vertriebsexperte? Erstens wissen die meisten Menschen nicht, wie der Arbeitsalltag dieser Berufsgruppe aussieht. Zweitens werden ihm nur Fähigkeiten wie „gut reden können" oder gar „Menschen manipulieren" zugeschrieben.

Tatsächlich sind die wahren Kompetenzen eines erfolgreichen Vertrieblers in diesem psychologisch komplexen Berufsbild für Laien meist unsichtbar: Ausgefeilte Gesprächstechniken, viel Sozialkompetenz, Empathie, Schlagfertigkeit, Charisma, Disziplin, Durchhaltevermögen, Stressresistenz, Selbstmotivation, Anpassungsfähigkeit und vieles mehr.

Das allgemeine Bild des Vertrieblers in der Öffentlichkeit wäre aus meiner Sicht besser, wenn die Allgemeinheit folgendes verstehen würde: Erfolgreicher Vertrieb ist die Basis und das Rückgrat jedes Unternehmens. Ohne Vertrieb generiert ein Unternehmen keinen Umsatz. Ohne Umsatz kann es sich nicht entwickeln und wird nicht überleben. Der Umsatz ist die Luft, die ein Unternehmen zum Atmen benötigt. Und mit der Qualität der Vertriebsmitarbeiter steht und fällt die Handlungsfähigkeit jedes Unternehmens. Für erfolgreiches Vertriebsrecruiting ist diese Sicht wichtig: Nur wer diese Bedeutung und notwendigen Kompetenzen im Vertrieb anerkennt, kann starke Vertriebsmitarbeiter auf Augenhöhe gewinnen und auswählen.

1.3   Das sollten Sie über den Vertriebs-Arbeitsmarkt wissen

In diesem Abschnitt erhalten Sie einen Überblick über die wichtigsten Arbeits-marktstatistiken im Bereich Vertrieb, basierend auf den aktuellen Zahlen des Instituts für Arbeitsmarkt- und Berufsforschung (IAB)[3]. Das ist besonders dann relevant, wenn Sie an langfristigen Recruitingstrategien arbeiten, insbesondere im Rahmen einer großen Vertriebsorganisation.

Die Nachfrage nach Vertriebsexperten steigt stetig. Während die Anzahl der sozialversicherungspflichtigen Beschäftigten aller Berufsgruppen zwischen 2013 und 2022 um 17 % zunahm, verzeichnete der Vertrieb ein Wachstum von 24 %. Gleichzeitig sank die ohnehin geringe Arbeitslosenquote im Vertrieb von 4,4 % auf 2,8 %.

Im Gegensatz zu anderen Berufsbildern besteht im Vertrieb ein geringes Risiko, durch Technologien wie künstliche Intelligenz (KI) ersetzt zu werden. Die Kernkompetenz im Vertrieb liegt in der Mensch-zu-Mensch-Interaktion und dem Aufbau von Vertrauen und Bindung – Aspekte, die Maschinen derzeit nicht ersetzen können. Zwar übernehmen Technologien zunehmend administrative Aufgaben wie Controlling oder Auftragsannahme, doch die Arbeitsplatzsicherheit im Vertrieb bleibt mittelfristig sehr hoch. Diese Faktoren tragen dazu bei, dass die Nachfrage nach Vertriebsexperten weiterhin steigt und das Recruiting im Vertrieb anspruchsvoller wird – und das wird es voraussichtlich noch auf lange Sicht bleiben.

Was die Geschlechterverteilung in Vertriebsberufen betrifft, zeigt sich, dass im Vertrieb überwiegend Männer arbeiten. Der Anteil von Frauen in Vertriebs-berufen liegt aktuell bei „nur" 36,6 %. Das mag erstens daran liegen, dass Frauen die Arbeit im Vertrieb weniger wahrscheinlich in Betracht ziehen und auch daran, dass das Vertriebsrecruiting deutscher Arbeitgeber vorwiegend auf männliche Kandidaten ausgerichtet ist. Das kann eine große Chance für Arbeitgeber darstellen, wenn sie sich im Vertriebsrecruiting auf weibliche Kandidaten fokussieren und gezielt Personalmarketingkonzepte für weibliche Kandidaten entwickeln.

Sind Vertriebsexperten in Deutschland gut ausgebildet? Ja – insgesamt liegt die Akademikerquote im Vertrieb deutlich über dem Durchschnitt aller Erwerbs-

---

[3] Anmerkung: In einigen Statistiken, wie beim IAB, wird zwischen Vertriebs- und Verkaufs-berufen unterschieden. Verkaufsberufe werden dabei größtenteils dem Einzelhandel zu-geordnet.

tätigen in Deutschland. Laut IAB verfügen 19,9 % der Beschäftigen im Vertrieb über einen Magister- oder Diplom-Abschluss oder ein Staatsexamen, 8,2 % haben einen Bachelor-Abschluss, 9,6 % eine Qualifikation als Meister oder Techniker und 53,4 % haben eine abgeschlossene Berufsausbildung.

Was die Marktsituation in den kommenden Jahren zusätzlich erschweren wird, ist der demografische Wandel. Denn 37,8 % der Beschäftigen im Vertrieb sind über 50 Jahre alt *(Vergleich: in Informatikberufen 26,2 %)* und werden im Laufe der nächsten Jahre aus dem Arbeitsmarkt ausscheiden. Sollte die Nachfrage nach Vertriebsmitarbeitern weiterwachsen, wird das Recruiting noch herausfordernder und der Wettbewerb um etablierte Fachkräfte zunehmen. Zu den Gewinnern im Vertriebsrecruiting werden diejenigen zählen, die das beste Personalmarketing praktizieren, die besten Rahmenbedingungen bieten und diejenigen, die funktionierende Strategien haben, weniger umkämpfte Zielgruppen anzusprechen und anzulernen.

Diese Zielgruppe sind aus meiner Sicht insbesondere Frauen sowie Quereinsteiger aus anderen Berufsbildern, in denen ähnlich hohe Sozialkompetenzen wie in Vertriebsberufen vorausgesetzt werden.

Gerade durch eine systematische Ansprache weiblicher Fachkräfte im Vertrieb hätten Arbeitgeber der Zukunft vermutlich weniger Konkurrenz am Arbeitsmarkt. Ein erster, simpler Schritt in diese Richtung wäre das Veröffentlichen von Stellen mit weiblichem Jobtitel, wie „Account-Managerin". Dadurch steigt die Wahrscheinlichkeit, weibliche Kandidaten zu gewinnen[4].

Beim Gewinnen von Quereinsteigern in den Vertrieb könnte u. U. das Gehalt eine Wechselmotivation sein und adressiert werden: Immerhin liegt das durchschnittliche monatliche Bruttoarbeitsentgelt im Vertrieb mit 5073 € deutlich über dem Durchschnitt aller Berufsgruppen (4313 €). Der monetäre Aspekt ist ein, jedoch bei weitem nicht der einzige Aspekt, der dieses Berufsbild spannend macht. Wichtig wird sein, diese Stärken am Markt zielgruppengerecht zu transportieren[5].

Zusammenfassend zeigt sich, dass der Vertriebsarbeitsmarkt in Deutschland von einer steigenden Nachfrage und einer zugleich sinkenden Arbeitslosenquote geprägt ist. Unternehmen, die erfolgreich rekrutieren möchten, sollten daher neue Zielgruppen wie Frauen und Quereinsteiger ansprechen und innovative Recruitingstrategien entwickeln, die sich noch stärker an den Wünschen und Sorgen der Zielgruppe orientieren.

---

[4] (Gaucher et al., 2011).

[5] (IAB Institut für Arbeitsmarkt- und Berufsforschung, o. J.).

1.4   Deshalb sollten Leistungsträger Ihr Ziel sein

Stellen Sie sich vor, ein Mitarbeiter würde bei Ihnen die Arbeit von zwei oder sogar drei Mitarbeitern erledigen. Sie könnten ein Team aus zehn Leuten führen und bezahlen, obwohl Sie dieselben oder sogar bessere Ergebnisse auch mit fünf Leute erreichen könnten. Weniger Führungsaufwand, weniger Kosten und gleichzeitig höhere Umsätze – genau deshalb lohnt sich der Fokus auf Leistungsträger im Vertrieb.

Leistungsträger im Vertrieb sind Personen, die überdurchschnittliche Ergebnisse erzielen. Sie generieren nicht nur mehr Umsatz, sondern steigern auch die Kundenbindung und -zufriedenheit. Selbstverständlich sind Leistungsträger in jedem Berufsbild gesucht, aber gerade im Vertrieb sind sie besonders wertvoll. Das liegt daran, dass der Vertriebsberuf an Leistungsprinzipien gekoppelt ist und sich die Entlohnung dieser Berufsgruppe stark an den tatsächlich erbrachten Leistungen, bzw. Ergebnissen orientiert – im positiven wie im negativen Sinne.

Das Prinzip „Mehr Leistung bringt mehr Geld" ist hingegen in sehr vielen Berufen und Branchen sowie im öffentlichen Dienst gar nicht vorhanden. Gerade weil das Leistungsprinzip in Vertriebsberufen so deutlich ausgeprägt ist, können Leistungsträger in diesem Beruf mit höherer Wahrscheinlichkeit ihre Leistungsmotivation ausleben und sowohl für sich als auch für ihren Arbeitgeber überdurchschnittliche Ergebnisse erzielen.

Dass Leistungsträger im Vertrieb bis zu dreimal produktiver sein können als der durchschnittliche Vertriebler, das ist vielfach untersucht worden[6]. Damit Sie diesen Einfluss Schwarz auf Weiß verstehen, betrachten wir das im Folgenden aus betriebswirtschaftlicher Sicht. Das Beispiel zeigt in Zahlen, welchen Einfluss Leistungsträger im Vertrieb auf unternehmerischen Erfolg haben:

Beispiele

Szenario 1: Durchschnittliche Leistung
Sie arbeiten mit einem Team aus zehn durchschnittlich und gleich performanten Vertriebsexperten.

- **Anzahl der Vertriebsmitarbeiter:** 10
- **Durchschnittlicher Umsatz pro Mitarbeiter:** 1 Mio. € pro Jahr
- **Gesamtumsatz:** 10 Mio. € pro Jahr

---

[6](Dixon & Adamson, 2013).

- **Personalkosten:** 1 Mio. € pro Jahr
- **Personalkostenquote** (Anteil Personalkosten am Gesamtumsatz – zeigt, wie effizient Arbeitskräfte eingesetzt werden): 10 %

Szenario 2: Einsatz eines Leistungsträgers

Sie stellen einen Leistungsträger ein, der doppelt so viel leistet, als der Durchschnitt und somit 2 Mio. € Umsatz pro Jahr erwirtschaftet. Dadurch verändert sich die Situation wie folgt

- **Anzahl der Vertriebsmitarbeiter:** 10 (davon 1 Leistungsträger)
- **Umsatz des Leistungsträgers:** 2 Mio. € pro Jahr
- **Gesamtumsatz:** 11 Mio. € pro Jahr
- **Personalkosten:** 1,05 Mio. € pro Jahr (angenommen, der Leistungsträger erhält ein Gehalt von 150T €, statt 100T €)
- **Personalkostenquote:** ca. 9,5 %

Ergebnis

- **Umsatzsteigerung von 10 %** bei nur 5 % erhöhten Personalkosten.
- **Effizientere Ressourcennutzung:** Die Personalkostenquote sinkt, Sie haben im Vergleich zu Szenario 1 theoretisch einen „halbe" Person weniger zu bezahlen. ◄

Sie sehen, dass rein betriebswirtschaftlich bereits ein Leistungsträger in einem Zehn-Mann-Team starke positive Auswirkungen haben kann. Selbst wenn der Leistungsträger 50 % mehr Gehalt erhält, steigt die Personalquote nicht, da der Gesamtumsatz deutlich höher ist.

Diese Beispiele zeigen deutlich, dass gerade im Vertrieb Leistungsträger unverzichtbar für Unternehmen sind, die Wert auf Wachstum legen. Denn zusammenfassend bringen Leistungsträger nicht nur deutlich bessere Ergebnisse – sie sind im Vertrieb auch günstiger und bieten Ihnen die Möglichkeit, für weitere Leistungsträger attraktiv zu sein (warum das so ist, dazu später mehr). Wenn Sie also vor der nächsten Entscheidung stehen, ob Sie einem Kandidaten mehr Gehalt zahlen – dann denken Sie an diese Rechnung.

1.5 Ohne Selbstreflektion gewinnen Sie keine Leistungsträger

Bevor Sie Ihre Suche beginnen, möchte ich Sie auf eine Sache hinweisen: Es kommt nicht selten vor, dass sich Unternehmen beim Besetzen ihrer Vertriebspositionen selbst im Weg stehen. Das ist besonders dann der Fall, wenn der Anspruch hoch ist *(„wir stellen nur Leistungsträger ein")*, das gebotene Gesamtpaket aber nicht attraktiv ist. Machen Sie diesen Fehler nicht auch – überschätzen Sie Ihre eigene Attraktivität nicht! Sie sollten nicht vergessen, dass nur etwas 15 % der Menschen am Markt zu den richtigen Leistungsträgern zählen[7].

Das heißt: Ihr Unternehmen muss auf einem hohen Professionalitätslevel agieren, um für diese Zielgruppe interessant zu werden. Mit durchschnittlichen Vertriebsprozessen, Leistungsanreizen, Mitarbeitern, Führungskräften und Vergütungssystemen gewinnen die meisten Unternehmen nur durchschnittlich gute Vertriebsmitarbeiter.

Ich habe bereits mittelständische Arbeitgeber kennengelernt, bei denen der Vertriebsmitarbeiter im Außendienst einen Skoda Oktavia mit 150.000 km Laufleistung und ohne jegliche Sicherheitsausstattung gestellt bekommt. Das kann nicht nur gefährlich sein, sondern wird selbstverständlich jeden halbwegs professionellen Vertriebler abschrecken. In den folgenden Kapiteln erhalten Sie konkrete Impulse und Schritte, was Sie tun können, um sich zu professionalisieren.

Behalten Sie diesen Gedanken am besten im Hinterkopf: Die Fähigkeit, Ihre eigene Attraktivität und Ihre Vertriebsstrukturen möglichst nüchtern zu bewerten ist für Ihr Leistungsträger-Recruiting entscheidend. Denn nur dann sind Sie in der Lage, sukzessive interessanter für Leistungsträger zu werden.

---

[7](Gerhard Stemmler et al., 2016).

Bewerber verstehen: Psychologie des Jobwechsels

2

Im Recruiting ging und geht es schon immer darum, Informationen so zu vermitteln, dass sie für eine bestimmte Zielgruppe relevant sind. Ob das früher in der Zeitungsannonce oder heute auf LinkedIn geschieht – die dahinterliegenden Prinzipien sind dieselben. Einige dieser Prinzipien stelle ich Ihnen in diesem Kapitel vor.

Es hilft Ihnen dabei, grundlegendes Verhalten von Bewerbern zu verstehen: Nämlich *wann* Menschen sich für neue Jobs entscheiden und *welche* Motivatoren meistens dahinterstehen. Zusätzlich wird dieses Kapitel herleiten, wieso Recruiting heute sehr viele Parallelen zu Vertrieb und Marketing hat.

2.1 Jobentscheidungen sind emotionale Lebensentscheidungen

Warum verlassen sich Menschen bei einer der wichtigsten Entscheidungen ihres Lebens – dem Jobwechsel – oft auf ihr Bauchgefühl statt auf harte Fakten? Nehmen wir mal an, die Menschen würden sich auf harte, rationale Fakten stützen. Was wäre dafür nötig? Um eine Entscheidung rational, also auf Basis vollständiger und objektiver Informationen zu treffen, ist Transparenz hinsichtlich aller relevanten Faktoren, die diese Entscheidung beeinflussen wichtig.

Nehmen wir mal an, Sie wollen Ihre Wohnung streichen und dafür Wandfarbe im Baumarkt kaufen. Was wäre für eine rationale Kaufentscheidung erforderlich? Informationen hinsichtlich des Farbtons, der Qualität und des Preises wären wahrscheinlich entscheidend. Da beim Kauf alle drei Parameter transparent sind, wären Sie damit in der Lage, eine halbwegs rationale (Kauf) Entscheidung zu treffen.

© Der/die Autor(en), exklusiv lizenziert an Springer Fachmedien Wiesbaden GmbH, ein Teil von Springer Nature 2025
L. Schlotter, *Recruiting von Vertriebsexperten,* essentials,
https://doi.org/10.1007/978-3-658-46928-3_2

Wenn Menschen den Arbeitgeber und damit ihren Job wechseln, sieht die Sache anders aus: Sie müssten viel mehr Parameter kennen, um eine vollständig rationale Jobentscheidung zu treffen. Um ein paar zu nennen: Stimmung im Unternehmen und im Team, wirtschaftliche Stabilität und Wachstumspotenzial des Unternehmens, Verlässlichkeit und Konsistenz der Unternehmens- und der Vertriebsstrategie, Sympathie zu den engsten Teammitgliedern, Kompetenz der künftigen Führungskraft, tatsächliche Entwicklungsmöglichkeiten, Qualität der internen Kommunikation & Prozesse, Job- und Arbeitsplatzsicherheit, Fähigkeit, die Aufgabe gut auszuüben, kulturelle Passung und vieles mehr.

Sie sehen, worauf ich hinaus möchte: Die Informationen, welche für eine vollständig rationale Jobentscheidung notwendig wären, sind unglaublich vielfältig. Und angesichts der Vielzahl von Faktoren wird deutlich, wie schwierig es ist, eine vollständig informierte Entscheidung zu treffen. Nun wäre jedoch gerade bei der Jobentscheidung volle Transparenz wichtig – denn sie ist eine der Entscheidungen mit dem größten Einfluss auf unser Leben. Bei einer 40 Stundenwoche verbringt ein Mensch immerhin 160 h im Monat bei der Arbeit. Das ist ein großer Teil seines wachen Lebens.

Zusätzlich ist die Entscheidung für den Job und den Arbeitgeber mit sozialen Markern verknüpft, die maßgeblich dazu beitragen, wie wir gesellschaftlich eingeordnet und bewertet werden und wie viel soziale Anerkennung uns entgegengebracht wird. Allerdings haben Jobsuchende im Alltag nicht ansatzweise transparenten Zugang zu allen entscheidungskritischen Informationen.

Vielmehr müssen sie sich auf die wenigen Interviews, Auftritte im Internet, Kununu-Bewertungen und oft auch leere Versprechungen verlassen. Am Ende treffen sie ihre Jobentscheidungen meist aufgrund einer Mischung aus rationalen Abwägungen und dem Bauchgefühl. Von nüchternen, rationalen Entscheidungen kann hier keine Rede sein.[1]

Wie werden diese wichtigen Jobentscheidungen dann getroffen? Je komplexer und tiefgreifender eine Entscheidung für das eigene Leben bei gleichzeitig geringer Transparenz ist, desto größeren Wert müssen Menschen auf Emotionen und ihr Bauchgefühl legen. Denn ein rationales Urteil ist dann nicht möglich und das trifft insbesondere auf die Jobentscheidung zu. Entscheidende Faktoren bei Jobentscheidungen sind also Emotionen und das Bauchgefühl. Nicht umsonst kennen wahrscheinlich auch Sie diesen Satz: *„Ich muss noch eine Nacht drüber schlafen"* oder *„Ich habe mehrere Angebote, am Ende entscheidet mein Bauchgefühl"*.

---

[1] (Lent & Brown, 2020).

Das sind gängige Reaktionen von Menschen bei der Jobsuche und sie zeigen, wie wichtig Emotionen und Vertrauen im gesamten Recruitingprozess sind. Der Neurowissenschaftlicher Hans Georg Häusl unterstreicht diese Erkenntnis gut mit seiner Feststellung, dass nur Dinge und Ereignisse, die Emotionen auslösen, für unser Gehirn Wert und Bedeutung haben. Der Wert einer Botschaft ergebe sich gerade daraus, wie stark sie Motiv- und Emotionssysteme des Empfängers aktiviere[2].

Zusammengefasst bedeutet das: Die Menschen, die Sie im Recruiting für sich gewinnen möchten, haben keine volle Entscheidungstransparenz. Deren Entscheidungen werden besonders durch emotionale Eindrücke und deren subjektives Vertrauen beeinflusst. Aus diesem Grund steht und fällt Ihre Erfolgswahrscheinlichkeit im Recruiting mit Ihrer Fähigkeit, systematisch Vertrauen aufzubauen, Transparenz herzustellen und die emotionalen Motive Ihrer Kandidaten zu verstehen und anzusprechen. Nur wenn Sie die emotionale Dimension des Recruitings anerkennen, werden Sie Recruitingprozesse steuern können. Im nächsten Abschnitt zeige ich Ihnen, welche Motive das sein können.

2.2 Die wahren Gründe hinter jedem Jobwechsel

Unter welchen Bedingungen wechseln Menschen ihren Job, und wie können Sie dieses Wissen nutzen, um Leistungsträger für Ihr Unternehmen zu gewinnen? Wenn Sie mit Personal- und Stellenmarketing zu tun haben, dann werden Sie sich wahrscheinlich schon mehrfach gefragt haben: Wie arbeite ich heraus, was meine Zielgruppe zum Jobwechsel bewegt? Voraussetzung dafür ist ein tieferes Verständnis von Wechselmotivationen, die ich auf drei Szenarien herunterbreche:

1. Die Vermeidungsmotivation: Menschen wechseln ihren Job, wenn sie etwas nicht mehr erleben möchten.
2. Die Wachstumsmotivation: Menschen wechseln ihren Job, wenn sie mehr von etwas haben oder etwas Bestimmtes werden möchten.
3. Externe Umstände: Menschen wechseln ihren Job, wenn sie durch äußere Umstände zum Jobwechsel gezwungen werden (z. B. aufgrund von Insolvenz des Arbeitgebers, Umzug, Krankheit usw.)

---

[2] (Häusel, 2016).

Im Folgenden gehe ich gezielt auf die ersten beiden Motivationen ein, die Sie beide in Ihren Recruitingaktivitäten mitdenken sollten.

Die Vermeidungsmotivation

Die erste Wechselmotivation ist die Vermeidungsmotivation. Sie entsteht, wenn ein Mensch bestimmte Dinge im Beruf nicht mehr erleben möchte und künftig vermeiden möchte. Das können z. B. das tägliche Aufreiben an ineffektiven Prozessen („*...dieses Chaos treibt mich in den Wahnsinn*"), die anstrengende Vertriebsarbeit, weil die Marktlage herausfordernd ist (*„der Aufwand steht in keinem Verhältnis mehr zum Erfolg"*) oder das frustrierende wöchentliche Rechtfertigen der eigenen Leistung (*„ich wünsche mir mehr Vertrauen von meiner Führungskraft und erreichbare Zielvorgaben"*) sein.

Menschen, die ihren Job auf Basis der Vermeidungsmotivation wechseln, schauen bei ihrer Jobsuche verstärkt darauf, dass sie genau die Aspekte, die sie zur Kündigung geführt haben, in der neuen Position nicht mehr erleben. Sie haben, so heißt es im Marketing, einen „Schmerzpunkt", der emotional aufgeladen ist und deren Entscheidung maßgeblich beeinflusst. Diese Kandidaten haben eine ausgeprägte Motivation, einer unangenehmen Situation zu entkommen.

Die Wechselgründe, die der Vermeidungsmotivation zugrunde liegen sind häufig fehlende Hygienefaktoren. Hygienefaktoren sind die motivationspsychologische Erklärung für die Vermeidungsmotivation: Das sind Aspekte, die Unzufriedenheit verhindern, aber allein keine Begeisterung erzeugen. Solche Hygienefaktoren sind z. B. funktionierende Prozesse, ein wertschätzender Umgang am Arbeitsplatz, Sicherheit und Planbarkeit, gute Führung, ausreichende Vergütung oder Arbeitssicherheit. Diese Aspekte werden auch Sie in Ihrem Beruf als Selbstverständlichkeit voraussetzen.

Wenn Hygienefaktoren am Arbeitsplatz nicht mehr gegeben sind, dann führen sie zu Unzufriedenheit und mit großer Wahrscheinlichkeit mittelfristig zur Kündigung. Sie sind das Fundament der Mitarbeiterbindung – für vorhandene Hygienefaktoren erhalten Arbeitgeber jedoch in der Regel kein „Danke". Gerade explizit für Vertriebsexperten konnte die Motivationsforschung sogar zeigen, dass Hygienefaktoren nicht leistungssteigernd wirken, aber bei Nichtvorhandensein zu starker Unzufriedenheit führen[3].

---

[3] (Shipley & KIely, 2013).

Wie können Sie diese Erkenntnis nun für sich nutzen? Stellen Sie sich folgende Frage: *„Was biete ich, was bei Nichtvorhandensein mittelfristig zur Kündigung von meinen Vertriebsmitarbeitern führen könnte?"*. Das, was Sie herausfinden, können Sie vor allem dann für sich nutzen, sobald Sie Kandidaten gewinnen, die aufgrund einer Vermeidungsmotivation wechseln möchten: Wenn ein Top-Kandidat aufgrund einer sich ständig wechselnden Vertriebsstrategie einen neuen Arbeitgeber sucht, dann wird er besonders empfänglich dafür sein, wenn Sie eine konsistente, gut ausgearbeitete Vertriebsstrategie anbieten können.

Unsere Erfahrung und die Analyse hunderter unserer Gespräche mit Kandidaten im Vertrieb zeigen, dass die meisten Vertriebsmitarbeiter primär aufgrund von Vermeidungsmotivation ihren Job wechseln. Das heißt, sie wären an sich in ihrem Beruf zufrieden, wenn es da nicht dieses eine Manko gibt, das sie täglich stört (z. B. schlechte Arbeitsausstattung). Damit ist aus unserer Erfahrung in der Praxis die Vermeidungsmotivation die stärkste Motivation von Menschen im Vertrieb, ihren Job zu wechseln. Was viele Arbeitgeber übersehen: Sie denken nur an die Benefits und offensichtlichen Stärken, die sie zu bieten haben.

Die Hygienefaktoren, die eine reibungslose Arbeit im Alltag ohne große Unzufriedenheit ermöglichen, übersehen sie jedoch. Dabei bieten auch sie eine gute Grundlage für nutzenorientierte Kommunikation mit Kandidaten. Im Kapitel zum Leistungsträger-Baustein „LT-Umfeld" können Sie herausarbeiten, welche Hygienefaktoren Sie bereits anbieten, ohne es zu wissen.

Die Wachstumsmotivation

Die zweite Wechselmotivation ist die Wachstumsmotivation. Sie kommt dann vor, wenn Menschen etwas haben oder werden möchten[4]. Wachstumsmotivatoren können z. B. sein: Karriere machen, Verantwortung übernehmen, mehr Geld verdienen, sich fachlich entwickeln, etwas gestalten/weiterentwickeln, Teil von etwas Größerem sein oder Zugewinn von Anerkennung und Prestige. In meinem Arbeitsalltag zeigt sich, dass die Wachstumsmotivation seltener als die Vermeidungsmotivation den initialen Grund für eine berufliche Veränderung darstellt.

Dinge, die im beruflichen Alltag „aktiv" stören, sind eben mental viel häufiger und deutlicher verfügbar als der manchmal diffuse Wunsch, dass „da noch mehr gehen könnte". Um Wachstumsfaktoren Ihrer Position zu verstehen, ist das Kapitel LT-Umfeld wichtig. Dort lernen Sie, diese Merkmale gezielt herauszuarbeiten.

---

[4] (Kastanakis et al., 2022).

Sie fragen sich nun möglicherweise: Was ist denn mit den „klassischen" Benefits? Die Betriebliche Altersvorsorge, das Jobrad oder die Fitnessstudio-Mitgliedschaft. Diese Dinge sind willkommene Zusatzleistungen, aber im Normalfall nicht ausschlaggebend für einen Jobwechsel. Sollten Sie Kandidaten haben, die primär aufgrund solcher Benefits den Arbeitgeber wechseln, wäre ich vorsichtig: Es mag sehr simpel klingen, aber Leistungsträger wechseln meist aufgrund einer Aufgabe und dem Interesse an der Arbeit den Job, nicht wegen der Benefits.

Eine meiner simplen Grundregeln lautet deshalb: Benefits kommen immer an zweiter Stelle. An erster Stelle sollte der Anspruch bestehen, Ihre Position mit den Leistungsträger-Bausteinen zu vermarkten. Wem die Mitgliedschaft im Fitnessstudio oder das E-Bike wichtig ist, der kann sich das auch selbst leisten.

Zusammenfassend ist also entscheidend, sowohl die Vermeidungs- als auch die Wachstumsmotivation potenzieller Kandidaten zu verstehen und gezielt anzusprechen. Diese Motivationen finden Sie häufig in der Interviewphase mit Ihren Kandidaten heraus. Es gibt jedoch auch für jede Berufsgruppe besonders verbreitete Vermeidungs- und Wachstumsmotivationen. Im Vertrieb wechseln beispielsweise viele Menschen ihren Job, weil die Auftragsabwicklung im Unternehmen nicht gut ist und sie als „Gesicht zum Kunden" dafür den Ärger ernten.

Einige typischen Wechselgründe lernen Sie auch im Kapitel LT-Umfeld kennen. Denken Sie also bei Ihren Vertriebsstellen nicht nur an die offensichtlichen guten Dinge, die Sie auszeichnen, sondern auch an die Dinge, die nicht schlecht sind. Vermeintliche Standards (die in vielen Unternehmen nicht zum Standard gehören) werden häufig nicht kommuniziert, weil sie als unwichtig erachtet werden.

2.3   Vertriebsrecruiting geht nur mit Vertriebs-Mindset

Der wohl verbreitetste Fehler im Vertriebsrecruiting ist, dass Unternehmer und Vertriebsleiter im Recruiting plötzlich all ihre Vertriebskompetenzen vergessen. Der Grund dafür ist, dass vielen nicht bewusst ist, dass im Recruiting Marketing- und Vertriebskenntnisse wichtiger sind als traditionelle Recruiting-Kompetenzen.

Meine Erklärung dafür ist, dass Recruiting, bzw. die „Personalbeschaffung" viele Jahrzehnte lang eher einem Verwaltungsjob ähnelte und kaum Parallelen zu Vertrieb und Marketing hatte. Der Vertriebsgedanke war schlichtweg sehr lange nicht erforderlich, um Mitarbeiter zu gewinnen, denn: sie waren ja immer im Überfluss vorhanden. Dieser Wandel am Arbeitsmarkt lässt sich sehr gut analog am Wandel des Produkt- und Dienstleistungsmarktes in Deutschland beobachten. Denn das, was den Wandel vom Arbeitgeber- zum Arbeitnehmermarkt auszeichnet, hatte bereits vor vielen Jahrzehnten den Wandel vom Verkäufer-zum Käufermarkt ausgezeichnet.

Stellen Sie sich dazu das Deutschland der 1950er Jahre vor – in Deutschland eine Zeit des wirtschaftlichen Aufschwungs, geprägt durch das sogenannte Wirtschaftswunder. Produkte wie der VW Käfer prägten das Straßenbild, und neue Konsumprodukte wie Schallplattenspieler oder die ersten Fernseher fanden zunehmend ihren Weg in die Haushalte.

Zu dieser Zeit herrschte ein Verkäufermarkt: Es gab wenige Anbieter, die einer hohen Nachfrage gegenüberstanden. Die Menschen hatten zunehmend mehr Geld, das sie gerne ausgaben. Eine traumhafte Situation für die Unternehmen am Markt. Doch dieser Zustand änderte sich in den 1960er Jahren. Die Produktion nahm zu und die Auswahl für Konsumenten wuchs. Mit dem Aufkommen weiterer Anbieter am Markt begann ein intensiver Wettbewerb, der es den Kunden erstmals ermöglichte, zwischen verschiedenen Angeboten zu wählen. Das markierte den Übergang von einem Verkäufer- zu einem Käufermarkt[5].

Unternehmen, die sich bis dahin auf die reine Produktion verlassen hatten, standen nun vor der Herausforderung, sich stärker an den Bedürfnissen der Kunden zu orientieren. Es reichte nicht mehr aus, Produkte einfach nur anzubieten – die Käufer erwarteten Qualität, Differenzierung und gezielte Ansprachen. Das war die Geburtsstunde eines stärker kundenorientierten Marketings, in dem erstmals systematisch Marktsegmente und Zielgruppen ins Zentrum rückten, so wie wir es heute kennen.

Vor allem in den 80er Jahren begannen Firmen wie Daimler damit, die Bedürfnisse ihrer Kunden deutlich stärker in ihre Produktentwicklung zu integrieren, was zuvor in der Form nie notwendig war. Beim Vertrieb der Daimler S-Klasse haben sie sich bislang nicht darum kümmern müssen, was sich die Kunden wünschen und was sie bereit sind zu zahlen. Erst in den 1980er Jahren begann Daimler, vermehrt auf die Bedürfnisse der Kunden einzugehen und auf Markt- und Kundenforschung zu setzen[6].

Kundenbedürfnisse stärker miteinbeziehen, Botschaften entwickeln, die sich an Eigenschaften der Zielgruppe orientieren – davon sind viele Arbeitgeber am Arbeitsmarkt weit entfernt. Sie werden sich wahrscheinlich bereits gedacht haben, dass die oben beschriebenen Dynamiken auch auf dem Arbeitsmarkt in Deutschland beobachtbar sind, nur Jahrzehnte später: Wie auf dem Produktmarkt,

---

[5] (Sander, 2001).

[6] (Hüttenrauch & Baum, 2013).

nahm der Wettbewerb auf dem Arbeitsmarkt konstant zu. Während früher das Angebot an Fachkräften höher war als die Nachfrage, ist es heute andersrum. Während Sie früher eine Stellenanzeige mit einer generischen Botschaft *„Wir suchen Sie!"* veröffentlichen und 30, 40, 50 Bewerber gewinnen konnten, werden Sie auf diese Art heute wahrscheinlich niemanden mehr gewinnen. Fakt ist: Jahrzehntelang war es für Arbeitgeber nicht notwendig, sich über Bedürfnisse ihrer Wunschkandidaten Gedanken zu machen, oder sich zu fragen, was die Stellen im eigenen Unternehmen interessant macht. Es hat – wie früher auf dem Produktmarkt – einfach ausgereicht darauf hinzuweisen, dass man etwas auf dem Markt anbietet.

Im Jahr 2024 ist der Arbeitsmarkt kein Arbeitgebermarkt mehr, sondern ein Arbeitnehmermarkt. Analog zur Entwicklung des Produktmarktes könnten wir uns fragen: Wann wird die Bewerberorientierung am Arbeitsmarkt flächendeckend eingeführt? Die Lehre aus der Geschichte der Märkte ist, dass sich Arbeitgeber stärker am Bewerber orientieren und Berufsgruppen als Segmente verstehen müssen. Bewerbersegmente sind z. B. eine Office-Assistenz, ein Softwareentwickler oder ein Gebietsverkaufsleiter.

Diese drei Zielgruppen können nicht wirksam auf die gleiche Art und Weise angesprochen werden, genauso wenig, wie der Jaguar-Kunde nicht wie der Fiat-Kunde angesprochen werden möchte. Jeder der Berufsgruppen hat individuelle Wünsche und Bedürfnisse. Nicht einmal ein Gebietsverkaufsleiter, ein Vertriebsingenieur und ein Account-Manager sind sich so ähnlich, dass „eine" Ansprache bei allen funktioniert.

Eine der entscheidenden Kompetenzen besteht deshalb heute darin, die Stärken Ihres Jobangebotes an Ihre Zielgruppe richtig zu kommunizieren, also sich an Ihren Bewerbern zu orientieren. Das wiederum ist nichts anderes als Marketing & Vertrieb: Die Bedürfnisse des Gegenübers verstehen und ein Angebot entwickeln, das für das Gegenüber relevant ist.

Erstaunlich finde ich, dass sich die Stellenanzeige als das verbreitetste Werbemittel für Jobs so etabliert hat.

Denn meistens ist darin der Ort, an dem ein Mensch 40 h die Woche verbringt, dermaßen trocken und lieblos beschrieben, dass es mich manchmal wundert, wieso das funktioniert. Zum Vergleich finde ich es hochinteressant, zu beobachten, wie andere Anbieter am Markt Kundenerlebnisse vermarkten. Betrachten wir z. B. eine klassische Kletterhalle: Auch hier wird ein Ort vermarktet, an dem ein Mensch nicht 40 h die Woche, sondern nur wenige Stunden verbringt.

Dennoch scheuen die Kletterhallenbetreiber häufig keine Mühe, diesen Aufenthalt auf ihren Webseiten als Erlebnis zu vermarkten, mit ansprechenden Texten, großartigen Bildern und virtuellen Rundgängen. Mir persönlich zeigen solche Beispiele immer, wie viel „Luft nach oben" im Personalmarketing noch vorhanden ist.

Ihr Angebot entwickeln: Die vier Leistungsträger-Bausteine

Egal, wie Sie Ihre Kandidaten suchen – ob über Stellenanzeigen, das Netzwerk, Direktansprache auf Berufsnetzwerken, bezahlte Anzeigen auf Social Media oder über Ihre Homepage: Sie benötigen immer eine Stellenbeschreibung. Sie fasst die Position und das, was sie interessant macht in Kürze zusammen.

Ich möchte Sie dazu einladen, sich für den Moment von dem klassischen Aufbau einer Stellenanzeige, bzw. Stellenbeschreibung freizumachen und zu überlegen: Was muss in einem Jobangebot für Leistungsträger im Vertrieb enthalten sein? Was sind die Punkte, die für diese Zielgruppe entscheidend sind? Welche Fragen stellen sich diese Menschen, wenn Sie sich über einen Arbeitgeberwechsel Gedanken machen?

In diesem Kapitel stelle ich Ihnen eine alternative Methode vor, wie Sie Ihr Jobangebot für Leistungsträger im Vertrieb entwickeln können. Diese Methode zielt darauf ab, vier sogenannte Leistungsträger-Bausteine auszuarbeiten und zu entwickeln. Diese vier Bausteine beantworten das wichtigste Anliegen von Leistungsträgern im Vertrieb: Ermöglicht mir diese Position, in einem professionellen Umfeld ungebremst Höchstleistungen zu bringen, überdurchschnittlich zu verdienen und mich konstant über einen langen Zeitraum weiterzuentwickeln?

Die Leistungsträger-Bausteine sind nicht nur Elemente, die sich in etablierter Form bereits auch in anderen Branchen und Berufsbildern als leistungssteigernd wirksam herausgestellt haben[1] – sie sind die Basis für effektives Recruiting von Leistungsträgern im Vertrieb.

---

[1] (Messersmith et al., 2011).

L. Schlotter, *Recruiting von Vertriebsexperten*, essentials, https://doi.org/10.1007/978-3-658-46928-3_3

In den folgenden Abschnitten werden wir jeden Baustein im Detail betrachten. Sie lernen, wie Sie diese Elemente auf Ihre Stellenangebote anwenden und Ihr Angebot so gestalten können, dass es hochmotivierte Kandidaten anspricht. Dadurch können Sie Ihr Recruiting effektiver gestalten und Ihr Vertriebsteam mit echten Leistungsträgern verstärken.

3.1   Leistungsträger-Herausforderungen

Der erste Leistungsträger-Baustein heißt *Leistungsträger-Herausforderung* und bezieht sich auf das große Ganze Ihrer Stelle. Es ist der Baustein, der Ihren Kandidaten einen langfristigen Blick in die Zukunft gewährt. Leistungsträger im Vertrieb suchen meist nicht nach dem nächsten vergleichbaren Job, sondern sie suchen nach der nächsten Herausforderung. Herausforderungen sind sehr anspruchsvolle Situationen und Aufgaben, an denen man wachsen und sogar scheitern kann.

Herausforderungen haben jedoch gerade deshalb auf leistungsorientierte Menschen einen besonderen Reiz, denn wer sich ihnen stellt und sie bewältigt, kann stolz auf sich sein. Ihre Fähigkeit, zumindest einen Teil Ihrer Stelle als Herausforderung zu beschreiben, entscheidet häufig darüber, ob Ihr Jobangebot überhaupt von Leistungsträgern in Betracht gezogen wird.

Die meisten Stellenbeschreibungen im Vertrieb vermitteln aus meiner Sicht das Gegenteil einer Herausforderung. Sie beschreiben einfach nüchterne Tätigkeiten: *„Entwicklung von Strategien zur Gewinnung von Neukunden"; „Identifizieren von Cross- und Upsell-Möglichkeiten", „Angebotserstellung"* oder *„Planung und Durchführung geeigneter Vertriebsmaßnahmen, inkl. der Teilnahme an Messen und Veranstaltungen"*.

Und da die reinen Tätigkeiten im Vertrieb fast immer, unabhängig der Branche und des konkreten Berufs, dieselben sind, klingt das meisten äußert vergleichbar. Folgend finden Sie Beispiele, wie Herausforderungen in Stellenangeboten kommuniziert werden können:

Beispiele

Beispiel 1: *„Sie bauen unser Vertriebsteam in der DACH-Region auf und etablieren uns innerhalb von drei Jahren als Marktführer im Bereich nachhaltiger Energielösungen."*

Beispiel 2: *„Als Vertriebsmitarbeiter bei X etablierst du unser patentiertes Verfahren bei BASF, dem großen Playern der Chemiebranche in unserer*

Region. Du durchdringst ihn in der Breite und baust dir dort ein Netzwerk auf, das uns ermöglicht, laufend Mehrwert zu schaffen."

Beispiel 3: *„Die Zeit ist reif: Mit der Energiewende im Rücken unterstützt Du X als erster Sales-Manager in Europa beim Aufbau des europäischen Marktes für E-Motoren und E-Controller und legst das Fundament für erfolgreiches internationales Geschäft."*

Beispiel 4: *„Baue den Vertrieb an unserem jungen Standort in München auf, entwickle nach und nach dein eigenes Netzwerk und vergrößere langfristig den Standort als unser Standortleiter im Vertrieb."*

Beispiel 5: *„Werde zu einem der Zugpferde unseres 11-köpfigen Vertriebsteams und baue dir dein eigenes, lukratives Vertriebsgebiet auf: Zuerst als kompetenter Hunter – später als Farmer, der die Früchte seiner Arbeit erntet."* ◄

Der Nutzen dieses Bausteins liegt vor allem darin, den ersten Reiz zu setzen und der Zielgruppe zu kommunizieren: Was wir bieten (und erwarten) ist nichts für den Alltagsmensch. Das zieht mutige und selbstbewusste Kandidaten an und schreckt gleichzeitig vor allem leistungsaverse Vertriebler ab. Ein positiver Nebeneffekt ist, dass Sie sich weniger mit ungeeigneten Kandidaten beschäftigen müssen. Der durchschnittliche Vertriebler würde die Herausforderung meiden: *„Zu unsicher"; „zu riskant"; „was wäre, wenn das nicht klappt?"*.

Eine sauber herausgearbeitete Herausforderung hat aber noch einen weiteren Nutzen: leistungsorientierte Menschen werden eher einen Job annehmen, wenn die Aufgabe selbstwert- oder statuserhöhend ist. Ein Mensch sein, der anspruchsvolle Hürden und Herausforderungen meistert? Diese Vorstellung und das Narrativ gefällt vielen Menschen. Möglicherweise hätten auch Sie mehr Spaß daran, neuen Bekanntschaften zu vermitteln, dass Sie an etwas Großem arbeiten und wie anspruchsvoll Ihr Alltag ist, anstatt einfach nur zu sagen, dass Sie einen ganz normalen Job im Vertrieb haben.

Wir konnten schon häufig beobachten, dass unser Stellenmarketing für Positionen mit richtigen Herausforderungen besonders erfolgreich war. Beispielsweise hatte ein chinesischer Kunde aus dem Maschinenbau einen technischen Sales-Manager gesucht, der den bislang nicht entwickelten deutschen Markt von Null auf und allein entwickeln sollte. Eine Aufgabe, die eigentlich zum Scheitern verurteilt war, aber eine so große Herausforderung darstellte, dass uns die Interessenten regelrecht überfluteten. Ähnlich dazu haben wir für einen Kunden in der chemischen Industrie jemanden gesucht, der BASF als Neukunde bis zum

Key-Account aufbauen sollte. Auch das war eine klar ausgearbeitete und große Herausforderung, die riesiges Interesse von starken Vertrieblern geweckt hat.

Insgesamt waren unsere Suchprojekte im Vertrieb, bei denen wir eine klare Herausforderung herausarbeiten konnten, durchweg außerordentlich erfolgreich. Ein letzter, aber nicht weniger unbedeutender Nutzen ist, dass Herausforderungen Ihren Kandidaten ermöglichen, sich die Aufgabe in Ihrem Unternehmen langfristig vorzustellen und emotional auszumalen.

Abgrenzen möchte ich die Herausforderung klar von dem Leitbild oder der Vision, die häufig wenig mit den Bedürfnissen und den Zielen einzelner Mitarbeiter zu tun haben. Ebenso ist die Herausforderung auch keine reine Zielvorgabe, die es im Vertrieb ja meistens gibt. Sie ist eine Ebene größer als ein einfaches Ziel. Nicht nah genug, um sie in konkrete Unterziele aufzuteilen – nicht so weit entfernt, dass sie sich außerhalb der subjektiven wahrgenommenen Reichweite und Machbarkeit bewegt. Sie ist der Schlüssel, motivierte Menschen zu gewinnen und ein Jobangebot zu schaffen, dass sich von gewöhnlichen Stellenanzeigen abhebt.

Nun denken Sie möglicherweise: Ich habe in meinem Unternehmen eine ganz normale Vertriebsposition zu besetzen – da gibt es keine Herausforderung. Ich möchte Ihnen dabei helfen, mindestens eine kleine Herausforderung auch für Ihr Jobangebot herauszuarbeiten. Die folgenden Kategorien in der Tabelle (siehe Tab. 3.1) werden Ihnen dabei helfen.

So gehen Sie vor: Lesen Sie die einzelnen Herausforderungen und gleichen Sie ab, welche mit Ihren Unternehmenszielen vereinbar sind. Entscheiden Sie sich für die Herausforderung, die anspruchsvoll klingt und gleichzeitig plausible Statusvorteile für Ihren Kandidaten verspricht: Anerkennung, Marktwertverbesserung, strategischer Einfluss, Autonomie, erhöhter Selbstwert oder Verantwortungsübernahme. Dann gießen Sie die Herausforderung in einen knackigen Satz, wie bereits oben gezeigt.

3.2   Leistungsträger-Umfeld

Der zweite Baustein ist das Leistungsträger-Umfeld. Das Arbeitsumfeld entscheidet in nahezu allen Berufen darüber, ob Menschen ihre individuellen Stärken entfalten können oder nicht. Das gilt selbstverständlich auch für den Vertrieb. Der Wunsch vieler Unternehmen nach Leistungsträgern im Vertrieb scheint mir jedoch häufig losgelöst vom Arbeitskontext zu sein: Manche Arbeitgeber bieten ein Arbeitsumfeld, das jeden Leistungsträger im Vertrieb abschrecken würde.

Man mag es kaum glauben, aber ich habe schon mehrfach erfahren, dass Betriebe mit mehreren Vertrieblern nicht einmal ein funktionierendes CRM-System

Tab. 3.1 Mögliche Herausforderungen

Persönliche Herausforderung
Zum stärksten Vertriebler eines Teams werden/den Wettbewerb schlagen
Ein bestimmtes Gehaltsziel „knacken"/Rekorde brechen
Die eigenen Vertriebskompetenzen durch eine herausfordernde Aufgabe entwickeln
Den eigenen Marktwert durch eine herausfordernde Aufgabe erhöhen
Unternehmensherausforderungen
Einen Standort aufbauen und etablieren
Ein neues Produkt auf dem Markt etablieren
Einen neuen Markt aufbauen
Zur Marktführerschaft beitragen
Den Wettbewerb verdrängen
Prestigeträchtige Kunden gewinnen
Team- und Führungsherausforderungen
Aus einem Durchschnittsteam ein Leistungsträger-Team machen
Entwickeln einer neuen Leistungskultur im Team/im Unternehmen
Künftige Mitarbeiter und Führungskräfte als Mentor entwickeln
Kundenbezogene Herausforderungen
Besonders wertschöpfende Kundenbeziehungen aufbauen, z. B. mit einem ganz be-stimmten Großkunden
Erschließen und Betreuen von Schlüsselkunden in einem neuen Marktsegment

zur Verfügung stellen. Das ist, wie wenn ein Koch im Restaurant nur stumpfe Messer zur Verfügung hat. Es erschwert und verlangsamt die Arbeit. Denken Sie, in so einem Restaurant würde ein Sternekoch arbeiten wollen?

Das richtige Arbeitsumfeld für Leistungsträger im Vertrieb ist ein Leistungsträger-Umfeld. Es ist die Voraussetzung, um Leistungsträger zu gewinnen und diese Menschen schnell zur Höchstleistung zu bringen. Wenn Sie als Arbeitgeber glaubhaft kommunizieren können, dass Sie ein Leistungsträger-Umfeld bieten, werden Sie für diese Zielgruppe relevant. Gleichzeitig sollten Sie nicht erwarten, Leistungsträger gewinnen zu können, solange Sie nicht für ein adäquates Arbeitsumfeld sorgen.

Aus der Analyse unserer Gespräche mit Kandidaten in den letzten Jahren sind viele Kündigungen insbesondere auf ein fehlendes Leistungsträger-Umfeld zurückzuführen: Zum Beispiel, weil sich die Vertriebler im Alltag nicht auf ihre Vertriebsarbeit konzentrieren können – gleichwohl ob das an zu viel administrativen Arbeiten, unklaren Prozessen, schlechten Arbeitsmitteln oder anderen Dingen liegt. Das reduziert häufig nicht nur die Performance, sondern auch die Arbeitszufriedenheit[2].

Das Leistungsträger-Umfeld gliedere ich in die folgenden Kategorien: Unterstützung & Arbeitsmittel, Gewinnerkultur, Zielvorgaben & Erwartungen, Vergütung & Anreizsysteme sowie Strategie & Positionierung. Diese Kategorien, wenn sie gut ausgearbeitet sind, ermöglichen überdurchschnittliche Leistung und verhindern sie nicht.

Das ist entscheidend, denn alles, was Leistungsträger im Vertrieb daran hindert, Ergebnisse zu erzielen, bringt diese Menschen zum Verzweifeln. Leistungsträger wollen „leisten" und suchen sich eine Umgebung, in der sich hart arbeitende Menschen beweisen können[3]. Ein unterentwickeltes Leistungsträger-Umfeld hat jedoch noch weitere Nachteile: Es ermöglicht Vertriebsmitarbeitern, eigene Minderleistungen auf diese Mängel zu schieben. Aussagen wie *„Ich könnte mehr verkaufen, wenn das Marketing besser wäre"* oder *„Die Ziele sind unerreichbar, weil die Prozesse zu langsam sind"* sind Symptome dieses Problems.

Das Leistungsumfeld ist also die Basis, damit Leistungsträger performant arbeiten können und Zufriedenheit im Beruf erlangen. Es ist vergleichbar mit dem hochentwickelten, leistungsstarken Fahrzeug, das ein Formel 1-Rennfahrer vom Rennstall bereitgestellt bekommt, oder dem gepflegten, ebenen Rasen, auf dem auf höchstem Niveau ein Fußballspiel in der Champions League veranstaltet wird.

Folgend finden Sie wieder eine Tabelle, welche die Kategorien des Leistungsträger-Umfelds genauer definiert. So verwenden Sie sie: Nehmen Sie sich einen Stift und gehen Sie die einzelnen Merkmale oben bis unten durch. Machen Sie überall dort, in der rechten Spalte, ein Kreuz, wo Sie für sich feststellen: *„Das ist bereits bei uns im Unternehmen vorhanden, entwickelt bzw. gut ausgearbeitet"*.

Die Liste (siehe Tab. 3.2) hilft ihnen dadurch erstens herauszufinden, welche Stärken Sie bereits für Ihr Personalmarketing und Recruiting nutzen können. Zweitens offenbart sie die Punkte, an denen Sie noch arbeiten können. Das ist gerade deshalb wichtig, weil vielen Verantwortlichen im Recruiting nicht bewusst ist, welche Stärken sie bereits für ein funktionierendes Leistungsträger-Recruiting haben. Denn: wer nicht weiß, was er bereits gut macht, kann die Vorteil auch nicht verkaufen.

---

[2] (Verbeke et al., 2011).

[3] (Collins, 2020).

Tab. 3.2 Merkmale eines Leistungsträger-Umfelds

Unterstützung und Arbeitsmittel	Vorhanden
Klar definierte Weiterentwicklungspfade	
Klar definierte und verschriftliche Prozesse	
Firmen KFZ mit ausreichender Sicherheitsausstattung/neues Firmen KFZ	
Klar definiertes Sales-Framework und Vertriebsprozesse	
Moderne KI-Technologie zur Prozessautomatisierung und Arbeitsentlastung	
Funktionierendes und gut eingestelltes CRM	
Unterstützung durch Vertriebsinnendienst und Assistenz	
Die Auftragsabwicklung ist nicht „ausgebucht" – Vertriebler kann viel verkaufen (v. a. im Projektvertrieb)	
Gewinnerkultur (Team und Arbeitskultur)	
Erfolge werden systematisch gefeiert	
Das Team spornt sich an	
Sehr gut ausgebildete und qualifizierte Teammitglieder	
Keine Akzeptanz von Minderleistung im Team; Spitzenleistung wird gefördert	
Zielvorgaben und Erwartungen	
Anspruchsvolle und erreichbare Zielvorgaben	
Einfach zu verstehende Zielvorgaben	
Zielvorgaben, die möglichst losgelöst von externen Faktoren sind	
Vergütung & Anreizsysteme	
Wettbewerbsfähige Vergütungsstrukturen, die hohe Leistung belohnen und Exzellenz fördern	
Monatliche, nicht quartalsweise oder jährliche Auszahlung eines variablen Gehaltsanteils	
Ungedeckelter variabler Anteil	
Variable Gehaltsbestandteile, die einfach und verständlich aufgeschlüsselt sind	
Gerechte Überbrückung des fehlenden variablen Umsatzes in der Probezeit (Provisionsüberbrückung)	
Schnelle Spesenabrechnung	
Strategie und Positionierung	
Warme Leads durch gutes Marketing	
Qualitativ hochwertige, kaufbereite Leads	

(Fortsetzung)

Tab. 3.2 (Fortsetzung)

Unterstützung und Arbeitsmittel	Vorhanden
Bekanntheit am Markt/Vertrauensvorschuss bei Zielkunden	
Keine vollständige Marktsättigung	
Verkauf ist über Qualität/Einzigartigkeit möglich	
Guter Außenauftritt des Unternehmens	
Etablierte Positionierung am Markt	
Dienstleistung/Produkt ist nicht vergleichbar/USP ist gut ausgearbeitet	
Glasklar ausgearbeitetes Idealkundenprofil	
Glasklar ausgearbeitete Bedürfnisse des Buying Center	
Glasklar ausgearbeitete Bedürfnisse der Zielkunden	
Vertriebsstrategie ist validiert und verändert sich nicht ständig	
Im Außendienst: Kleines Gebiet, hohe Kundendichte	
Zahlungskräftige Kunden	
Qualitativ wertige Produkte/Dienstleistung – Vertriebler muss nur selten für schlechte Produktqualität den „Kopf hinhalten"	

3.3   Leistungsträger-Ziele

Der dritte Baustein sind die Leistungsträger-Ziele. Menschen mit ausgeprägtem Ehrgeiz und hoher Leistungsmotivation sind es in der Regel gewohnt, sich selbst Ziele zu setzen und daran zu arbeiten, diese zu erreichen oder zu übertreffen. Für sie gehört es zur Normalität, regelmäßig das eigene Handeln zu reflektieren und zu bewerten, ob sie ihren Zielvorgaben näherkommen.

Die Vorgabe von Zielen und Erwartungen ist für diese Menschen, wenn man so will, eine Art Sprache, die sie sehr gut verstehen. Wenn Sie im Recruiting diese Art von Menschen erreichen wollen, sollten Sie deren Sprache sprechen. Sprechen Sie also in „klaren Zielvorgaben".

Ich habe schon oft erlebt, dass Zielvorgaben erst spät im Auswahlprozess kommuniziert werden und Kandidaten dann absagen, weil ihnen der Job zu vertriebslastig oder anstrengend ist. Besser ist es, bereits in der Stellenbeschreibung klarzumachen, was Sie erwarten: Acht Neukunden im Monat, 70 Wählversuche am Tag, oder z. B. zehn qualifizierte Termine mit Neu- oder Bestandskunden in der Woche.

Nun denken Sie möglicherweise: Zielvorgaben und Quoten sind doch normal im Vertrieb? Und das stimmt auch. Jedoch kommt es vor, dass viel zu wenig Zeit in eine plausible Aufschlüsselung der Zielvorgaben investiert wird. Die Informationen werden dann irgendwann im Laufe des Bewerbungsprozesses und auf Nachfrage der Kandidaten zusammengeklaubt.

Das vermittelt einen Eindruck: Weder unsere Ziele noch der Weg dahin sind klar ausgearbeitet und unsere Vertriebsorganisation ist nicht professionell genug aufgestellt, diese Punkte glasklar und direkt beim ersten Gespräch bereitzustellen.

In der Organisationspsychologie wurde sehr fundiert erforscht, dass das Formulieren von konkreten und herausfordernden Zielen zu mehr Motivation und mehr Leistung im Vergleich zu vagen und leichten Zielen führt[4]. Sie können den Effekt davon sogar noch verstärken, wenn Sie komplexe, langfristige Ziele in kleinere und erreichbare Teilziele unterteilen und somit eine schrittweise Zielerreichung erlebbar und spürbar machen.

Das bietet regelmäßige Erfolgserlebnisse, hält die Motivation oben und verbessert die Gesamtleistung. Zusätzlich können Sie sogar verschiedene „Zieltypen", wie Umsatz- und Prozessziele kombinieren – auch das verspricht positive Effekte auf Leistung im Vertrieb[5]. Sobald Sie gelernt haben, sehr gute Ziele zu formulieren, können Sie nur profitieren. Denn mit klaren Zielvorgaben können Sie mehrere, attraktive, Eigenschaften transportieren:

- Sie zeigen, dass Ihr Vertrieb gut strukturiert ist und Sie genau wissen, was für erfolgreichen Vertrieb in Ihrem Unternehmen getan werden muss.
- Sie schaffen Transparenz und Klarheit hinsichtlich Ihrer Erwartungshaltung und erleichtern Kandidaten die Selbstselektion.
- Sie vermitteln ein greifbares Bild, was bei Ihnen im Alltag zu tun ist.
- Je nach Zielformulierung schrecken Sie nicht geeignete Kandidaten ab.

Was ist nun der Unterschied zwischen der zuvor beschriebenen LT-Herausforderung und den LT-Zielvorgaben? Zielvorgaben beziehen sich auf den Alltag und kurz- bis mittelfristige Ziele, die so konkret definiert sind, dass sich der Kandidat die Erwartungshaltung und den Anspruch im Alltag konkret ausmalen kann.

Für Ihr erfolgreiches Recruiting von Leistungsträgern sollten Sie Ihre ausgearbeiteten Zielvorgaben bereits Schwarz auf Weiß und in klaren Zahlen in Ihren

---

[4] (Locke & Latham, 2002).
[5] (Vancouver & Day, 2005).

Stellenbeschreibungen- und Ausschreibungen festhalten. Das heißt, Sie schreiben keine Anzeigen mehr mit der Tätigkeitsbeschreibung *„Sie verantworten die Umsatzgenerierung"*. Sie beginnen damit, bereits in die Stellenbeschreibung Ihre Zielvorgaben zu beschreiben: „Sie verkürzen den durchschnittlichen Vertriebszyklus in den ersten sechs Monaten um 15 %"; „Sie vereinbaren 8 qualifizierte Termine pro Woche und gewinnen zwei Neukunden im Monat"; in den ersten drei Monaten 50 Kunden und schaffen eine Abschlussquote von 25 %".

Entscheidend ist natürlich, dass diese Ziele nicht bloß leere Hülsen sind, sondern von den Vertriebsmitarbeitern durch eigenes Zutun erreichbar sind. Häufig werden Mitarbeiter mit ungedeckelten variablen Gehaltsanteilen gelockt, die aufgrund von nicht erreichbaren Zielvorgaben nie ausgezahlt werden. Transparenz ist hierbei, wie so oft im Recruiting, für eine langfristig erfolgreiche Zusammenarbeit entscheidend.

Deshalb: Ziele sind eine Forderung aber auch ein Versprechen, was bei Ihnen erreichbar ist. Setzen Sie sie realistisch an. Im Folgenden (siehe Tab. 3.3) stelle ich Ihnen vor, in welchen Kategorien Sie Zielvorgaben vereinbaren und messen können (es gibt nämlich deutlich mehr als die reine Umsatzsteigerung).

3.4   Leistungsträger-Entwicklung

Der dritte Baustein ist die Leistungsträger-Entwicklung. Gerade bei leistungsorientierten Menschen ist die Motivation sich zu entwickeln besonders stark ausgeprägt. Das betrifft meistens nicht bloß die Motivation, sich finanziell zu entwickeln, sondern auch die persönliche und fachliche Entwicklung. Dementsprechend sind Entwicklungsperspektiven absolut entscheidend, um leistungsorientierte Vertriebsmitarbeiter zu gewinnen und zu halten. Diesen Aspekt gilt es im gesamten Recruitingprozess geschickt und emotional zu vermarkten.

Idealerweise vermitteln Sie: *„Wir haben uns viele Gedanken darüber gemacht, wie wir Menschen wie Sie kurz- und langfristig dort hinbringen, wo Sie sein wollen. Wir überlassen Ihren Entwicklungsprozess nicht dem Zufall, sondern setzen uns intensiv dafür ein."*

Viele Unternehmen scheitern jedoch daran, Entwicklungsperspektiven greifbar und klar zu kommunizieren, geschweige denn einen längerfristigen Entwicklungsweg für ihre Vertriebsmitarbeiter aufzuzeigen. Hinzu kommt, dass viele Unternehmen davon ausgehen, die einzige Entwicklungsperspektive wäre die hierarchische Entwicklung.

Tab. 3.3 Mögliche Zieltypen

Umsatzziele

• **Gesamtumsatz:** Der angestrebte Gesamtumsatz für das laufende Jahr. Das könnte in Form einer absoluten Zahl (z. B. 10 Mio. EUR) oder als prozentualer Zuwachs im Vergleich zum Vorjahr angegeben werden.

• **Monatliche/quartalsweise Umsatzziele:** Die Aufteilung des Gesamtumsatzziels auf kleinere Abschnitte

Absatzziele

• **Anzahl der verkauften Einheiten:** Ziele in Bezug auf die Anzahl der zu verkaufenden Produkte oder Dienstleistungen. Dies ist besonders wichtig, wenn das Unternehmen mehrere Produkte mit unterschiedlichen Margen anbietet.

Akquise- und –bindungsziele

• **Neukundenakquise:** Zielvorgaben für die Anzahl der neuen Kunden, die im Laufe eines Jahres oder Quartals gewonnen werden sollen. Hier könnten Sie auch spezifische Zielgruppen (z. B. KMUs, Großunternehmen) definieren.

• **Kundenbindungsrate:** Ziele zur Reduktion der Abwanderungsrate (Churn Rate) und zur Steigerung der Kundenloyalität, ausgedrückt als Prozentsatz der Kunden, die nach einem Jahr weiterhin aktiv sind.

Profitabilitätsziele

• **Deckungsbeitrag:** Zielvorgaben für den Deckungsbeitrag, der nach Abzug der variablen Kosten vom Umsatz übrig bleibt. Dies kann als absoluter Betrag oder als Prozentsatz des Umsatzes angegeben werden.

• **Margenoptimierung:** Ziele zur Steigerung der Bruttomarge, z. B. durch den Verkauf von margenstärkeren Produkten oder Dienstleistungen, oder durch Cross-Selling und Upselling.

Cross-Selling und Upselling

• **Cross-Selling-Ziele:** Vorgaben zur Erhöhung der durchschnittlichen Anzahl von Produkten, die an einen Kunden verkauft werden.

• **Upselling-Ziele:** Ziele zur Steigerung des Umsatzes pro Kunde durch den Verkauf höherwertiger Produkte oder zusätzlicher Dienstleistungen.

Kundenzufriedenheit und –erfahrung

• **Net Promoter Score (NPS):** Zielwerte für die Kundenzufriedenheit, gemessen durch den Net Promoter Score, der die Wahrscheinlichkeit angibt, mit der Kunden das Unternehmen weiterempfehlen.

• **Kundenerfahrungsziele:** Ziele, die darauf abzielen, die Kundenerfahrung zu verbessern, z. B. durch schnellere Reaktionszeiten, bessere Betreuung oder personalisierte Angebote.

Vertriebszyklusziele

• **Verkürzen des Verkaufszyklus:** Zielvorgaben zur Reduktion der durchschnittlichen Zeit, die vom ersten Kontakt bis zum Abschluss eines Verkaufs vergeht.

(Fortsetzung)

Tab. 3.3 (Fortsetzung)

Pipeline- und Lead-Management-Ziele
• **Lead-Generierung:** Konkrete Ziele zur Anzahl der generierten Leads pro Monat oder Quartal, basierend auf verschiedenen Kanälen (z. B. Online-Marketing, Messen, Partner).
• **Qualifizierte Leads (SQLs):** Ziele für die Anzahl der qualifizierten Leads, die an das Vertriebsteam übergeben werden und wie viele davon erfolgreich in Aufträge umgewandelt werden sollen.
Marktdurchdringung und –anteil
• **Marktdurchdringungsziele:** Ziele, die darauf abzielen, den Anteil an Bestandskunden zu erhöhen, z. B. durch den Verkauf zusätzlicher Produkte an bestehende Kunden.
• **Marktanteilsziele:** Ziele, die darauf abzielen, den Marktanteil in spezifischen Segmenten oder Regionen zu erhöhen. Dies könnte in Prozent des Gesamtmarktes ausgedrückt werden.

Wenn Vertriebsmitarbeiter gesucht werden und die Vertriebsleiterposition auf lange Sicht besetzt ist, dann gehen diese Unternehmen davon aus, dass sie keine Entwicklungsperspektiven bieten können. Das ist jedoch zu kurz gedacht. Denn individuelle Entwicklungsperspektiven müssen nicht zwangsläufig hierarchischer Natur sein. In diesem Abschnitt stelle ich Ihnen Möglichkeiten und Wege vor, wie Sie weitere Entwicklungspfade definieren, seien sie fachlicher, persönlicher oder finanzieller Natur.

Was ich häufig beobachte ist, dass Entwicklungsperspektiven nicht so kommuniziert werden, dass der Empfänger einen persönlichen Wert für sich darin erkennt. Im Standard-Jobangebot werden vage Versprechen gegeben, wie *„Tolle Entwicklungsmöglichkeiten"* oder *„Betriebliche Weiterbildungen"*. Diese Formulierungen sind nicht nur völlig emotionslos, sondern damit auch wirkungslos im Personalmarketing.

Ebenso heißt ein verbreitetes Versprechen: *„wir sind die letzten, die ein Seminar nicht zahlen würden, aber der Mitarbeiter muss auf uns zukommen"*. Diese Haltung ist an sich gut – sie zeigt aber eben auch, dass dieser Baustein, die Leistungsträger-Entwicklung ein passives Angebot ist und nie aktiv angegangen wird.

Fakt ist: Leistungsorientierte Menschen investieren selbstständig viel Zeit in ihre Entwicklung und ihre Karriere. Diese Menschen lassen sich nicht auf einen Arbeitgeber ein, bei dem konstante Entwicklung nicht gefördert wird und völlig unklar ist, wo es hingehen soll. Dass gute Entwicklungsprogramme die Loyalität, die Zufriedenheit und Vertriebsleistung erhöhen, ist insgesamt gut erforscht und aus meiner Sicht absolut selbsterklärend[6].

Auch bei diesem Baustein, wie bei den anderen gilt: Je besser Sie klarstellen, dass Wachstum in Ihrem Vertrieb geplant, gefördert und erwartet wird, desto

---

[6] (Jackson et al., 2006).

interessanter wird Ihr Angebot für leistungsorientierte Menschen. Und desto uninteressanter wird es für Menschen, die wenig Interesse an Ihrer persönlichen Entwicklung haben.

Entscheidend ist, den konkreten Mehrwert Ihres ausgearbeiteten Merkmals bildlich herauszuarbeiten: Was ist der konkrete Mehrwert für die Person? Wie profitiert sie davon kurz- und langfristig? Was sind die positiven Effekte?

Arbeiten Sie deshalb einen Plan aus, der Ihrem Kandidaten so vorkommt, als wäre er extra für ihn entworfen worden. Denn Sie wissen: Ihr Marketing wird effektiver, wenn Sie Emotionen wecken. Diese wecken Sie, wenn Sie Bilder im Kopf Ihres Adressaten entstehen lassen. Deshalb ist es z. B. klug, Ihrem Programm einen „Markennamen" geben. Damit gewinnt es an Glaubwürdigkeit und klingt ausgereifter. Beispiele wären, das *60-80-100-konzept*[7] (bezogen auf die Gehaltserwartung der Kandidaten in den ersten drei Jahren), das *Sales-Accelerator-Konzept,* die *Leistungsträger-Schmiede* oder z. B. die *Sales-Mastery.*

Die Idee ist, zu vermitteln, dass Sie sich über die Entwicklung Ihrer Leistungsträger Gedanken gemacht haben. Ein „Markenname" für dieses Konzept klingt etabliert und schafft mehr Anreize wie die üblichen Benefits wie „Modernes Schulungszentrum und persönliche Weiterentwicklung" oder einfach „persönliche Weiterbildungen". Ihr Entwicklungskonzept kann auch aus mehreren Kategorien bestehen. Anhand Tab. 3.4 können Sie abgleichen, welche Entwicklungs-Kategorien Sie anbieten oder sogar miteinander kombinieren können.

Vergessen Sie nie: Werden Sie beim Vermarkten der Leistungsträger-Entwicklung immer so konkret wie möglich. Sie sollten nie davon ausgehen, dass die Kandidaten sich selbst herleiten, wie sie von Entwicklungsangeboten profitieren. Im Gegenteil: Sie sollten diese Dinge sowohl im Angebot, als auch später im Gespräch mehrmals hervorheben. Manche Firmen tun sich schwer damit, die Vorteile einzelner Aspekte für ihre Kandidaten zu vermarkten. Ein simpler Trick, den persönlichen Nutzen eines Entwicklungs-Elements herauszuarbeiten ist, wenn Sie die beiden Worte „*das heißt*" hinter das Element setzen und dann den Satz fortführen:

- Besuch und aktive Teilnahme an Events und Fachkonferenzen, *das heißt*...sich in der Branche einen Namen machen und mit Gleichgesinnten vernetzen.
- Kurse und Workshops zur mentalen Gesundheit, *das heißt*...Methoden lernen, um langfristig Höchstleistung zu bringen, ohne auszubrennen.
- Zertifizierungen, *das heißt*...den eigenen Marktwert durch nachweisbare Kompetenzen stärken.

---

[7] (SOLCOM GmbH, o. J.).

Tab. 3.4 Mögliche Perspektiven

Finanziell/monetäre Entwicklung

• Ungedeckeltes Einkommen
• Feste, regelmäßige Gehaltsanpassungen
• Beteiligungen bei Wachstum: Mitarbeiteraktien usw.
• Incentive-Reisen
• Leistungsprämien

Hierarchische Entwicklung

• Führungsposition
• Verantwortung für bestimmte Vertriebsregionen
• Projektleitung/Vertretung des Chefs

Fachliche Entwicklung – Marktwertentwicklung

• Weiterbildungen, Seminare
• Zertifizierungen
• Verantwortung für zusätzliche Projekte bekommen
• Besuch und aktive Teilnahme an Events und Fachkonferenzen
• Workshops halten, Vorträge halten
• Spezialisierung von Branchenexpertise und/oder komplexen Produkten
• Bildung: Unterstützung beim MBA oder anderen Hochschulabschlüssen.
• Sprachkurse: Förderung von Fremdsprachenkenntnissen.

Persönliche Entwicklung

• Mentoring durch anerkannte Experten
• Coaching, z. B. Stärken stärken, Schwächen mindern: Individuelle Entwicklungsmaß-
  nahmen.
• Soft-Skill-Training
• Karrierecoaching: Unabhängige Beratung für persönliche und berufliche Ziele
• Persönliche Roadmaps: Langfristige Karriereplanung

Entwicklung von Selbstverantwortung

• Intrapreneurship-Programme: Eigene Geschäftsideen im Unternehmen umsetzen

Entwicklung strategischer Kompetenzen

• Strategie-Workshops: Mitgestalten der Unternehmensausrichtung
• Feedback-Runden mit der Geschäftsführung
• Produktentwicklung: Eigene Ideen einbringen und umsetzen
• **Digitalisierung:** Mitarbeit an digitalen Transformationsprozessen

Gesund Leistung bringen

• Kurse und Workshops zum Thema mentale Gesundheit & Stressmanagement

Sobald Sie überlegen, welche Folgen der jeweilige Entwicklungsaspekt hat, werden Sie die eigentlichen Vorteile besser kommunizieren können. Nutzen Sie als
Orientierung, welche Entwicklungsaspekte Sie kommunizieren können, die folgende Tabelle (siehe Tab. 3.4).

Ihr Angebot transportieren: Leistungsträger-Ansprache

4

Recruiting ist ein Spiel mit Wahrscheinlichkeiten. Es wird nie die eine Formel, den einen Satz oder die bestimmten Worte geben, die unsere Wunschkandidaten zur Bewerbung bewegen. Aber: Sie können Ihr Angebot Stück für Stück an die Leistungsträger-Bausteine angleichen und somit die Wahrscheinlichkeit signifikant erhöhen, dass Ihr gewünschtes Ereignis eintritt.

Was sicher ist: wenn Sie alle vier Aspekte ausarbeiten und anbieten, dann ist Ihre Chance am höchsten, Leistungsträger für Ihren Vertrieb zu gewinnen. Sie haben gelernt, Ihre Position zu analysieren, Bedürfnisse zu identifizieren und wissen mittlerweile, was Verkauf im Recruiting bedeutet. Nun ist es an der Zeit, Ihr Wissen in ein konkretes Angebot zu gießen. Es ist vollkommen gleich, ob Sie neue Mitarbeiter über Stellenanzeigen, Direktansprache auf Berufsnetzwerken, kalte Akquiseanrufe beim Konkurrenten oder über Zeitungsannoncen suchen.

Wenn Sie Ihr Angebot nicht differenziert und gut ausgearbeitet haben, sinkt Ihre Erfolgswahrscheinlichkeit bei der Suche. Zusätzlich benötigen Sie ein gut ausgearbeitetes Angebot, wenn Sie Kandidaten im Gespräch haben. In diesem Kapitel zeige ich Ihnen anhand vertiefender Techniken, wie Sie die Ergebnisse Ihrer Leistungsträger-Bausteine in Text- und Wortform transportieren können.

4.1 Fesselnde Botschaften, die Leistungsträger anziehen

Im Recruiting ist Text das wichtigste Medium, um unsere Zielgruppe für unsere Ideen zu begeistern, solange wir noch keinen persönlichen Kontakt zu Kandidaten haben. Das ist dann wichtig, wenn Sie Ihre Stellen auf Ihrer Homepage, auf

Jobbörsen, auf Social Media oder im Rahmen der Direktansprache auf Berufsnetzwerken (LinkedIn, XING) vermarkten.

Sobald Sie das tun, lohnt es sich, mit den gängigen Methoden aus dem Online-
Marketing zu arbeiten: Bewährte Copywriting-Regeln und vor allem sogenannte
Hooks. Hooks sind kurze sprachliche Wendungen (übers. „Angelhaken"), die
meist in der Länge eines Satzes oder weniger Stichwörter erste Hinweise auf die
beworbene Stelle geben und Interesse wecken. Diese „Angelhaken" haben das
Ziel, vor allem im schnelllebigen Online-Stellenmarkt, User beim Lesen der ersten zwei Sätze Ihrer Botschaft „einzufangen", bzw. zum „Anbeißen" zu bringen.

Das ist vor allem dann wichtig, wenn Ihre gewünschten Kandidaten durch
Jobbörsen, Timelines von Social-Media-Plattformen oder LinkedIn-Nachrichten
scrollen. Gutes Copywriting, also das Schreiben von kurzweiligen Texten, die
den Leser zu einer gewünschten Handlung motivieren, ist im Recruiting die wichtigste und gleichzeitig eine unterschätzte Kompetenz[1].

In diesem Kapitel stelle ich Ihnen in Kürze eine simple Formel vor, wie Sie
für Ihre Zielgruppe starke Hooks und Botschaften entwickeln können. Die wichtigste Grundregel für Ihr Angebot lautet: Je stärker die Inhalte Ihres Jobangebotes
auf die Bedürfnisse Ihrer Zielgruppe zugeschnitten sind, desto emotionaler wird
Ihr Angebot wahrgenommen. Das ist in der folgenden Abbildung (siehe Abb. 4.1)
veranschaulicht (die Regel gilt für alle Jobs). Die Botschaften A-C dienen Ihnen
zum besseren Verständnis.

Botschaft A: *„Wir suchen dich"* – Sie kennen diesen verbreiteten, generischen
Claim sicherlich. Er spricht jede arbeitsfähige Person an, die ihn liest. Die Ansprache grenzt niemanden aus – gerade deshalb spricht sie auch niemanden wirklich an.

Botschaft B: *„Sie arbeiten im Vertrieb und möchten mehr Geld verdienen"*. Das
ist schon eine etwas spezifischere Ansprache, sie bezieht sich auf alle Menschen,
die im Vertrieb arbeiten und ein konkretes Bedürfnis haben, nämlich „mehr Geld
verdienen". Ein klares Zielgruppenverständnis steckt noch nicht dahinter, da
auch „mehr Geld verdienen" ein generisches Bedürfnis ist, das wahrscheinlich für
die meisten Menschen, nicht nur im Vertrieb, interessant ist.

Botschaft C: „Sie arbeiten im technischen Vertriebsaußendienst in der Chemiebranche und wollen ein innovatives, nachhaltiges Produkt verkaufen, das dem
Kunden zum ersten Mal, nicht zum 20. Mal präsentiert wird?".

---

[1] (Nur Rahman & Aribowo, 2024).

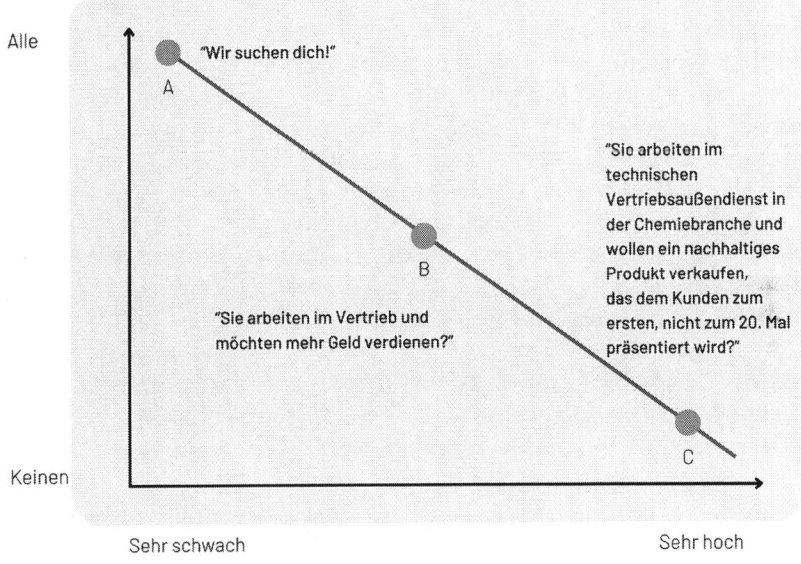

Abb. 4.1 Emotionale Stärke Ihrer Botschaften bestimmen

Diese Ansprache hat eine hohe Chance, bei der Zielgruppe, nämlich Menschen im technischen Vertriebsaußendienst in der chemischen Industrie, Interesse zu wecken. Nicht nur ist der Adressat der Botschaft unmissverständlich beschrieben – es werden auch die individuellen Bedürfnisse von Vertriebsexperten adressiert, *„getriggert"*.

Das eine Bedürfnis ist der Verkauf nachhaltiger Produkte, was sicherlich nur für eine Zielgruppe relevant ist, der Nachhaltigkeit wichtig ist. Das zweite, relevantere Bedürfnis, ist es, im Vertrieb etwas verkaufen zu können, das dem Kunden nicht zum 20. Mal, sondern zum ersten Mal präsentiert wird. Dieses Bedürfnis spricht gleichzeitig einen häufig vorkommenden Schmerzpunkt von Vertriebsmitarbeitern an und wird dadurch besonders emotional wahrgenommen. Denn es führt in der Praxis zu einem komfortableren Arbeitsalltag.

Vor allem die klassischen Stellenanzeigen beginnen üblicherweise mit der Selbstbeschreibung des Arbeitgebers, dem Unternehmensprofil. Und meistens liegt der Fokus dabei auf dem Arbeitgeber und nicht auf den Interessen des Lesers, bzw. des Bewerbers. Genau da liegt das Problem. Kein erfahrener Verkäufer würde beim Erstkontakt erstmal über sich und seine Interessen sprechen. Im Rahmen der Stellenanzeige hat sich das jedoch über viele Jahre etabliert.

Wenn Kandidaten auf Jobbörsen nach Stellen suchen, dann ist das Unternehmensprofil häufig der erste sichtbare Abschnitt. Er entscheidet also darüber, ob der Leser weiterliest oder nicht. Für diesen Abschnitt eignet sich der Einsatz von Hooks. Hooks können Sie einfach oberhalb des Unternehmensprofils einbauen. Hooks beziehen sich immer auf konkrete Bedürfnisse oder Merkmale Ihrer spezifischen Zielgruppe, z. B. die Wachstums- und Vermeidungsmotivationen. Sie können Ihren „verbalen Angelhaken" in verschiedener Form auswerfen, um Interesse zu wecken:

Beziehen Sie sich dabei beispielsweise auf folgende Aspekte:

1. Schmerzpunkte, z. B. *„Keine Lust mehr auf unerreichbare Zielvorgaben und nicht ausgezahlte Boni?"*
2. Wünsche, z. B. *„Sie möchten mit Leads sprechen, denen nicht bereits 100-mal zuvor dasselbe angeboten wurde?"*
3. Zielgruppenmerkmale z. B. *„Sie bleiben auch nach dem 3000. Wählversuch im Monat hungrig?"*

Beispiel

Sofern Sie im Social-Media-Kontext Werbetexte schreiben, können Sie auch Bedürfnisketten von Wunsch zu Schmerz entwickeln – das ginge z. B. so:
Lass mich raten – du hast Lust auf:

- *...ungedeckelte Provisionen*
- *...die Chance, die 100 k/Jahr zu knacken*
- *...eine Sales-Infrastruktur, bei der du dich auf deine Leistung konzentrieren kannst*

Stattdessen schlägst du dich aber damit herum:

- *...du musst vergleichbare und wertlose Produkte verkaufen*
- *...du verbringst gefühlt mehr Zeit mit Dokumentation und Besprechungen als mit Vertrieb*
- *...du kannst deine Zahlen nicht erreichen, weil das Umfeld nicht passt* ◄

Vergessen Sie nie, dass Ihre potenziellen Kandidaten immer eine Vielzahl von Angeboten miteinander vergleichen. In der Regel wartet niemand darauf, unbedingt bei Ihnen im Unternehmen zu arbeiten. Aus diesem Grund ist es Ihre Aufgabe, es Ihren Kandidaten zu vereinfachen eine Entscheidung zu treffen. Und das geschieht durch Abgrenzung und Unterscheidbarkeit.

Eine klare Abgrenzung Ihres Angebotes zu anderen ermöglicht Ablehnung und Anziehung. Das erfordert jedoch Mut, Klartext und keine Beschönigung. Woran das scheitert, ist die weitverbreitete Annahme, die eigenen Stellenanzeigen müssten „seriös" klingen. Das ist nicht richtig, denn: Ihre Stellenangebote werden für eine Person geschrieben und das ist der Idealkandidat. Ihr Angebot sollte genau diesen Kandidaten ansprechen und sonst niemanden.

Gerade deshalb möchte ich Sie dazu einladen, Ihre Angebote in Form einer Stellenanzeige nicht mit dem langweiligen Arbeitgeberprofil, sondern mit einer Hook zu starten. Ein weiteres Beispiel für eine *„Wunsch-Hook"* ist folgendes: *„Haben Sie sich schon einmal gefragt, wie es wäre, nur 4 Tage die Woche zu arbeiten und trotzdem mittelfristig die Chance auf ein Gehalt von über 100T€ zu bekommen? Schöne Vorstellung? Dann lesen Sie gerne weiter."* Hooks dieser Art garantieren Ihnen, dass mehr Kandidaten Interesse bekommen und Ihr gesamtes Angebot lesen werden.

4.2 Die Macht der richtigen Wortwahl

Wenn wir versuchen, Menschen mit Worten für eine Idee zu gewinnen, entscheidet unsere Wortwahl über Erfolg oder Misserfolg. Da im Recruiting vor allem über Texte – sei es in der Direktansprache oder in Stellenanzeigen – Menschen überzeugt werden sollen, sollten wir die Bedeutung der richtigen Wortwahl zusätzlich betrachten[2]. Ich möchte Ihnen anhand eines Beispiels zeigen, wie ein und dieselbe Vertriebsposition beschrieben werden kann. Was denken Sie, welche Persönlichkeiten werden in diesen Beispielen angesprochen?

Beispiel 1: Mit rund 80 gezielten Kontaktaufnahmen pro Tag gehst du in die Offensive und knüpfst souverän Verbindungen zu potenziellen Neukunden. Dabei erkennst du schnell lukrative Chancen, führst überzeugende Gespräche und setzt Online-Demos strategisch ein, um deine Erfolgsquote zu maximieren. Du er-

---

[2](Häusel, 2016).

oberst deinen eigenen Kundenstamm, demonstrierst Überlegenheit im Abschluss und übergibst erst nach erfolgreicher Verhandlung an den Customer Success. Hier bestimmst du den Kurs und beweist deinen Einfluss auf den Markt.

Beispiel 2: Mit etwa 80 Kontaktaufnahmen pro Tag schaffst du wertvolle Verbindungen zu potenziellen Neukunden, indem du einfühlsam und partnerschaftlich auf ihre Bedürfnisse eingehst. Du etablierst einen vertrauensvollen Dialog, findest gemeinsam Lösungen und arrangierst Online-Demos, die allen Beteiligten einen klaren Mehrwert bieten. So gestaltest du deinen Kundenstamm mit Bedacht und übergibst nach einer gelungenen Einführung reibungslos an den Customer Success, um gemeinsam kontinuierlich an einer Zusammenarbeit zu arbeiten.

Sie stellen sicherlich fest, dass Beispiel 1 Menschen anspricht, die äußerst ziel- und erfolgsorientiert denken. Beispiel 2 hingegen spricht Menschen an, die mehr Wert auf positiven Beziehungsaufbau mit den Kunden und Kollegen legen würden. Dass die Art und Weise, welche Formulierungen im Jobangebot gewählt werden eine sehr große Rolle spielen – diese Beobachtung mache ich häufig.

Was ich am häufigsten erlebt habe, ist, dass Firmen sehr leistungsstarke Vertriebsexperten suchen, ihre Botschaften jedoch wie in Beispiel 2 ausformulieren oder sogar das Stellenmarketing stark auf Benefits und Work-Life-Balance ausrichten. Die Folge davon war immer, dass sie schon Bewerber gewinnen konnten, jedoch keine leistungsorientierten mit „Biss". Im Gegenteil: Die Kandidaten waren eben Menschen, die ihre Bedürfnisse eher an Wohlbefinden, Sicherheit oder Gemeinschaft knüpfen.

Der verbreitete Fehler ist, dass der Fokus in der Kommunikation auf Wohlbefinden, angenehme Gefühle, Komfort oder auf das Jobrad gelegt wird, obwohl Menschen mit Ehrgeiz und Leistungsmotivation gesucht werden. Zwar sind Komfortfaktoren im Personalmarketing wichtig, im Leistungsträger-Marketing treten sie jedoch vorerst in den Hintergrund.

Wie können Sie diesen Fehler umgehen? Achten Sie erstens genau darauf, welche Merkmale des Jobs Sie hervorheben. Und zweitens: Verwenden Sie die Worte, die zu den gesuchten Persönlichkeitstypen passen. Gerade im Vertrieb sollten die meisten Menschen mindestens eine durchschnittliche ausgeprägte Leistungsmotivation aufweisen, also ein hohes Maß an Ehrgeiz, Durchsetzungsfähigkeit, Fleiß, Selbstbewusstsein und ggf. auch Statusorientierung und Wettbewerbsaffinität.

Diese Eigenschaften können Sie gezielt durch Formulierungen und Worte ansprechen. Beispielsweise können Sie Worte und Formulierungen folgender Art verwenden: Setze dich durch, Strebe nach Status, sei besser, vergrößere deinen Einfluss, habe etwas selbst in der Hand, lege den Grundstein für deinen Erfolg, konkurriere, arbeite autonom & selbstständig, entfalte dein Potenzial, gestalte und verantworte, lerne Neues, brich aus Gewohntem aus, erforsche die Umwelt, belohne dich, vermeide Langeweile, sei anders. Verwenden Sie diese und ähnliche Worte, dann erhöhen Sie die Wahrscheinlichkeit, dass sich leistungsorientierte Menschen von Ihrem Angebot angesprochen fühlen.

Im Gegensatz dazu würden Sie selbstverständlich andere Worte in Ihrem Angebot verwenden, wenn Sie Kandidaten mit ausgeprägtem Sicherheitsdenken und Risikoaversion für den öffentlichen Dienst gewinnen wollen. In diesem Fall wäre es sinnvoll, beim Arbeitsumfeld die Sicherheit, Stabilität und Zuverlässigkeit zu betonen und beispielsweise folgende Worte zu verwenden: Plane langfristig, fühle dich sicher, arbeite in einem stabilen Arbeitsumfeld, verlasse dich, sei Teil eines harmonischen Teams, fühle dich wohl, erhalte Unterstützung.

Meine Empfehlung an Sie ist: Schauen Sie sich vor allem an, wie Sie die Aufgaben bei Ihren Vakanzen beschreiben, welche Aspekte Sie im Jobumfeld bisher hervorheben und kommunizieren. Liegt Ihr Fokus ausschließlich auf den Benefits oder der Wohlfühlatmosphäre? Sind die Aufgaben sehr schwammig und nicht anspruchsvoll beschrieben? Falls das so ist, sollten Sie Ihre Kommunikation anpassen und vor allem die LT-Bausteine ausarbeiten. Den Feinschliff bekommen Sie hin, indem Sie Wörter und Formulierungen verwenden, die sich an den oben aufgezählten Leistungsträger-Formulierungen orientieren.

4.3   Profi-Vertriebstechniken im Recruiting

Gutes Recruiting enthält heute viele Elemente aus Vertrieb und Marketing – das habe ich bereits in vorherigen Kapiteln hergeleitet. Deshalb ist es naheliegend, sich bewährte Vertriebs- und Marketingtechniken anzuschauen und auf die Recruiting-Praxis zu übertragen. Denn etablierte Methoden, die Menschen mit höherer Wahrscheinlichkeit zu bestimmten Handlungen motivieren und Vertrauen erzeugen, funktionieren schließlich nicht nur im Rahmen von klassischen Verkaufssituationen. Sie funktionieren immer, vollkommen unabhängig davon, ob einem Menschen ein Produkt verkauft oder ein Job angeboten wird. Die folgenden Techniken können Sie sukzessive in Ihrem Recruitingprozess installieren, um bessere Ergebnisse zu erzielen.

Verknappung:
Verknappung bedeutet, ein Angebot auf dem Markt zeitbasiert oder angebotsbasiert zu verknappen. Dieser Effekt ist im Marketing sehr verbreitet – vor allem der angebotsorientierten Knappheit wurden die stärksten Effekte auf Kaufanreize

nachgewiesen[3]. Die Angebotsknappheit können Sie für Ihr Jobangebot nutzen, in dem Sie kommunizieren, dass Ihr Kandidat Konkurrenz hat.

Zeigen Sie nie, dass Sie bedürftig sind. Das Ziel der Angebotsverknappung ist, die Begierde hinsichtlich Ihrer Stelle zu erhöhen. Der dahinterliegende Reiz für Ihre Kandidaten kann z. B. in einer Selbstwerterhöhung liegen: *„Ich konnte mich gegen mehrere Kandidaten durchsetzen"*; *„Ich habe einen Job bekommen, der für viele Menschen attraktiv ist"*. Verknappung bedeutet allerdings nicht, dass Ihr Kandidat nicht wertgeschätzt und etwas umgarnt werden sollte.

Diesen Effekt können Sie nutzen, indem Sie entweder im Erstgespräch oder danach beiläufig auf die Knappheit hinweisen. Beispielsweise, in dem Sie betonen, dass Sie noch weitere, hochqualifizierte Kandidaten im Blick haben. Selbst, wenn Sie keinen weiteren Kandidaten haben, ist das nicht gelogen. Denn „im Blick" hat man ja immer jemanden.

Reziprozität:
Dieses Prinzip beschreibt die menschliche Neigung, soziale Beziehungen ausgewogen erleben zu wollen. „Wie du mir, so ich dir" – dieses Sprichwort kennen Sie sicher. Praktisch formuliert: Wenn Sie etwas geben, ist die Wahrscheinlichkeit höher, etwas zu erhalten. In der Recruitingbranche beschweren sich häufig Menschen darüber, dass Kandidaten immer unzuverlässiger werden. Dieses Problem werden Sie nicht haben, wenn Sie mit den eigenen Erwartungshaltungen in Vorleistung gehen.

Das geht so: All die Dinge, die Sie von Ihren Kandidaten erwarten, sollten Sie Sinne einer Wechselwirkung bereits als Vorleistung bereitstellen, z. B. Verlässlichkeit: Wenn Sie versprechen, sich um 13:00 Uhr zu melden, dann rufen Sie auf die Minute genau an. Ehrlichkeit: Belügen Sie Ihre Kandidaten nie – gehen Sie mit allen Schwächen offen um. Transparenz: Gewähren Sie den gesamten Prozess über Transparenz hinsichtlich des Ablaufs und der nächsten Schritte. Reagieren Sie außerdem immer schnell und wertschätzend.

Zusätzlich können Sie das Prinzip der Reziprozität nutzen, in dem Sie Ihrem Kandidaten z. B. bereits nach dem ersten Interview (sofern er interessant ist) etwas schenken – etwa ein Buch oder einen anderen Mehrwert. Oder Sie nehmen sich für das Zweitgespräch besonders viel Zeit, inkl. Werksführung und Mittagsessen, das Sie bezahlen. Dadurch wächst das Bedürfnis Ihres Kandidaten, etwas zurückgeben zu wollen, was in einer höheren Abschlusswahrscheinlichkeit für

---

[3] (Barton et al., 2022).

Sie münden kann. Je mehr solcher Erfahrungen Sie in Ihren Prozess einbauen, desto stärker der Effekt[4].

Soziale Bewährtheit:
Menschen werden Ihnen mehr Vertrauen entgegenbringen, wenn nicht nur Sie für Ihr Jobangebot werben, sondern auch andere Menschen im Sinne einer sozialen Bewährtheit für Sie als Arbeitgeber einstehen[5]. Das funktioniert z. B. durch Testimonials & Referenzen von aktuellen und ehemaligen Kollegen; durch die Möglichkeit, künftige Vertriebskollegen des Kandidaten zu sprechen (Nummer der Vertriebskollegen anbieten), oder durch Geschichten von Kollegen, die in Ihrem Unternehmen erfolgreich geworden sind.

So können Sie z. B. erzählen, wie ein Kollege in derselben Position eingestiegen ist und sich positiv entwickeln hat; Sie können auch Ihren Kandidaten darum bitten, sich mit einem zukünftigen Kollegen im Rahmen eines informellen Gesprächs auszutauschen. Oder Sie schicken nach dem Erstgespräch bei Eignung die Mobilnummer eines künftigen Kollegen mit der Einladung zum zweiten Gespräch mit, damit sich die Person mit tatsächlichen Kollegen austauschen können.

Selbst wenn Ihr Kandidat dieses Angebot nicht annimmt – es zahlt trotzdem auf Ihre Vertrauenswürdigkeit ein: *„Aus Sicht eines Kandidaten müssen Sie ja ein toller Arbeitgeber sein, wenn Sie so wenig zu verbergen haben"*. Die Arbeitgeber-Bewertungsplattform „Kununu" basiert auf demselben Prinzip. Je mehr Referenzen Sie bereitstellen, desto größer wird das Vertrauen und die Bindung zu Ihrem Jobangebot sein.

Autorität & Prestige:
Autoritäts- und Prestigeeffekte helfen dabei, eine Stelle und ein Unternehmen so darzustellen, das das Arbeiten dort den Selbstwert eines Kandidaten erhöht. Von solchen Effekten können jedoch nicht bloß prestigeträchtige Arbeitgeber wie z. B. Porsche profitieren. Nutzen Sie den Prestige-Effekt so: Lassen Sie Ihren Kandidaten mit erfahrenen Führungskräften sprechen, die nachweislich besonders erfolgreich sind. Zeigen Sie deutlich, wie und warum das Unternehmen in der Branche führend ist. Im Idealfall schaffen Sie es, Ihrem Kandidaten den Eindruck zu vermitteln, dass er als Teil Ihres Unternehmens etwas Besonderes sein wird: Teil

---

[4] (Kanagaretnam et al., 2010).
[5] (Cialdini, 2017).

einer Gruppe von z. B. besonders erfolgreichen, innovativen oder klugen Menschen. Diesen Trumpf können Sie nur dann ziehen, wenn das tatsächlich der Fall ist. Sie kommen diesem Punkte näher, wenn Sie sich fragen, was Ihre Kollegen außerordentlich gut können oder Besonderes geleistet haben. Wenn Sie was finden – nutzen Sie es! Das Prinzip der Autorität sollten Sie vor allem im Rahmen des Kennenlernprozesses für sich nutzen. Es besagt, dass Menschen mit Autorität (z. B. in hohen Positionen) überzeugender und vertrauenswürdiger wirken.

Wenn der Leistungsträger-Kandidat mit einem 20-jährigen Werkstudent im Recruiting und einem nur durchschnittlich Kompetenzen Vertreter des Fachbereichs die ersten Berührungspunkte hat, sinkt die Wahrscheinlichkeit, diese Art von Kandidaten zu gewinnen. Je stärker der Kandidat, desto mehr Kompetenz und Autorität sollten die Personen haben, mit denen der Kandidat im Kennenlernprozess zu tun hat.

Ähnlichkeit/Identifikation:
Menschen bewerten andere Menschen als sympathischer und kompetenter, wenn sie ihnen Ähnlichkeiten zu sich selbst entdecken[6]. Dieser „Ähnlichkeitseffekt" ist sehr gut erforscht und führt in der Personalauswahl häufig zu Fehlurteilen. Sie können diesen Effekt im Jobselling für sich nutzen, um schnell Vertrauen aufzubauen. Ihr Kandidat hat an derselben Universität studiert wie Sie oder hat dieselben Hobbys? Gehen Sie darauf ein. Der Kandidat hat einen ähnlichen Werdegang zu einem künftigen Kollegen? Erzählen Sie davon.

Ich erinnere mich an einen Kunden, der Vertriebsmitarbeiter im Team hat, die früher selbstständig waren und nun glücklich bei ihm im Unternehmen angestellt sind. Im Gespräch mit einem starken, potenziellen Kandidaten, der ebenso in der Vergangenheit selbstständig war und nach einer Festanstellung suchte, nutze ich den Effekt sofort und habe ihm von den potenziellen, künftigen Kollegen mit demselben Werdegang erzählt. Das hat einen starken Effekt, da der Kandidat die erste Grundlage für Identifikation erhält: Dort arbeiten Menschen, die sind wie er, die haben denselben Werdegang. Diese Gemeinsamkeiten schaffen Identifikation und Menschen werden eher an einem Ort arbeiten, an dem ähnliche Menschen wie sie arbeiten. Am besten, Sie suchen bereits in der Gesprächsvorbereitung online oder im CV nach verwertbaren Informationen.

---

[6] (Montoya & Horton, 2013).

Jobselling: Leistungsträger im Gespräch überzeugen

5

Haben Sie schon einmal einen Wunschkandidaten nicht einstellen können, nachdem er bei Ihnen im Gespräch war? Dieses Szenario kommt in vielen Unternehmen häufig vor und sollte so gut es geht vermieden werden. Denn damit vergeuden Sie die gesamte Zeit und das Geld, die in den Prozess fließen.

Wenn Ihr Kandidat Ihnen absagt und Sie eigentlich insgeheim davon ausgingen, dass er Ihnen zusagt, dann ist es Zeit, Ihre Interviewführung kritisch zu hinterfragen. In diesem Kapitel stelle ich Ihnen Ansätze vor, wie Sie Ihren Job an Kandidaten verkaufen, also "Jobselling" betreiben. Anders gesagt: Ansätze, mit denen Sie die Wahrscheinlichkeit erhöhen, Wunschkandidaten tatsächlich einzustellen.

5.1 Vertrauen schaffen – im Gespräch führen

So sieht das Idealszenario aus: Entweder Sie verpflichten Ihren Wunschkandidaten oder Sie finden im Gespräch gemeinsam heraus, dass die Position nicht zu seinen Bedürfnissen passt. Im zweiten Fall bleiben Sie handlungsfähig und sind in der Lage, Ihr Angebot anzupassen oder den Fokus auf andere Kandidaten zu legen. Wenn Sie an Ihrer eigenen Entwicklung interessiert sind, lohnt es sich, immer sich selbst die Schuld für eine nicht gelungene Einstellung zu geben.

Diese Haltung führt Sie wahrscheinlich häufig zu der Erkenntnis, dass Sie nicht „nahe genug" an Ihrem Kandidaten dran waren. Damit meine ich: Ihr Anspruch sollte sein, eine so offene und vertrauensvolle Gesprächsbasis zu schaffen, dass sich Ihr Kandidat Ihnen authentisch gibt und wirklich öffnet. Dann werden überraschende Absagen von Wunschkandidaten seltener werden.

© Der/die Autor(en), exklusiv lizenziert an Springer Fachmedien Wiesbaden GmbH, ein Teil von Springer Nature 2025
L. Schlotter, *Recruiting von Vertriebsexperten,* essentials,
https://doi.org/10.1007/978-3-658-46928-3_5

Die erste wichtige Voraussetzung für erfolgreiches Jobselling ist daher, die Kontrolle über den Prozess und Ihre Handlungsfähigkeit herzustellen. Dazu benötigen Sie eine durchdachte Interviewtechnik, die Offenheit und Vertrauen fördert. Nur wenn Sie die wahren Motive und Wünsche Ihres Kandidaten verstehen, können Sie ihn überzeugen.

Das gelingt vielen Interviewern nicht, weil sie ihre eigene Interviewerrolle falsch interpretieren. Für die meisten Interviewer ist das Jobinterview kein Verkaufsgespräch. Im Gegenteil: Es hat sich über Jahrzehnte des Fachkräfteüberhangs am Markt etabliert, die Haltung einzunehmen, dass der Interviewer der Prüfer ist und der Kandidat der Prüfling, bzw. der Bittsteller.

Nur wenn der Prüfling die Fragen des Interviewers richtig beantwortet, bekommt er die Chance auf eine Einstellung. Das Problem ist: In diesem Szenario ist ausschließlich vorgesehen, dass sich der Kandidat beim potenziellen Arbeitgeber verkauft – aber nicht andersrum.

Eine vollkommen andere Herangehensweise ist es, nicht den Prüfer zu mimen, sondern sich selbst als Karriereberater zu verstehen. Der Karriereberater begegnet dem Kandidaten ergebnisoffen, auf Augenhöhe und hat ein Ziel: Herausfinden, was der nächste, sinnvolle berufliche Schritt für den Kandidaten sein könnte. Ihr Kandidat muss glaubhaft den Eindruck bekommen: Sie sind wirklich daran interessiert, mit ihm herauszufinden, ob die Position zu ihm passt.

Der Karriereberater wird möglichst versuchen, die Barrieren abzubauen, die beide Parteien ins Gespräch mitbringen. Dazu setzt er einen Rahmen (*„Frame"*). Dieser Rahmen gibt von Beginn an vor, dass das Gespräch einem *gemeinsamen* Ziel dient und nicht dem gegenseitigen Überzeugen. Das geht zum Beispiel durch einen Einstiegssatz dieser Art:

„Lieber Herr/liebe Frau XYZ, bevor wir starten, ist mir eine Sache besonders wichtig: Sie kennen ja diese klassischen Bewerbungsgespräche, die einem Theaterstück ähneln. Genau das möchte ich nicht. Wenn es für Sie in Ordnung ist, dann lassen Sie uns einfach mit offenem Visier und ganz unkompliziert erstmal klären, ob diese Position zu Ihnen und Ihren Zielen passt. Sie sollen nicht den Eindruck haben, sich bei mir verkaufen zu müssen. Und egal wie das Gespräch verläuft – wir beide sind am Ende des Gesprächs schlauer und dann sehen wir, wie wir weiter machen."

Dieser „Frame" transportiert folgende Botschaften für Ihren Kandidaten: Sie sind keine Bedrohung für ihn; er muss sich nicht bewerten lassen; Sie beide haben ein gemeinsames Ziel. Nahezu jeder Kandidat freut sich über diesen Gesprächsrahmen und ist erleichtert. Er ermöglicht mit hoher Wahrscheinlichkeit ein offenes Gespräch.

Wie in jedem Verkaufsgespräch ist erfolgsentscheidend, erst die richtigen
Fragen zu stellen und zuzuhören, um den Gesprächspartner zu verstehen. Wider-
spricht dieser Weg einer gründlichen und strengen Prüfung von Qualifikationen
und Kompetenzen? Das tut es nicht. Im Gegenteil: Er erhöht sogar die Wahrscheinlichkeit, dass Ihr Kandidat offen über seine Stärken und vor allem seine
Schwächen spricht.

Die Herausforderung beim Vertrauensaufbau besteht darin, dass beide Parteien
in der Regel vor allem die Informationen weglassen, die sie in ein schlechtes
Licht rücken. Sie antworten eher sozial erwünscht, also entsprechend dem, was
das Gegenüber „hören will". Ganz im Sinne der Reziprozität macht es Sinn, mit
dem in Vorleistung zu gehen, was Sie gerne von Ihrem Kandidaten wünschen:
Offenheit und Ehrlichkeit. Das schaffen Sie mit höherer Wahrscheinlichkeit, dadurch, dass Sie bei Ihrer Vorstellung der Position ein bis zwei reale, negative Aspekte des Jobs erwähnen.

Sie könnten das so kommunizieren: *„Ich möchte Ihnen nichts vormachen –
selbstverständlich ist in der Position nicht alles perfekt. Sie müssen mit folgenden
Dingen im Alltag klarkommen...".* Ihr Gesprächspartner wird merken, dass Sie an
einem offenen Austausch interessiert sind und ihm keine Traumwelt verkaufen
möchten. Dieses Vorgehen hat in meiner Berufspraxis nicht selten dafür gesorgt,
dass Kandidaten infolgedessen so offen über deren eigene Schwächen gesprochen
haben, dass sie sich selbst aus dem Prozess kegelten[1].

Außerdem ist es wichtig, Ihren Kandidaten zuerst reden zu lassen, um sozial
erwünschte Antworten zu reduzieren. In diesem Part des Gesprächs sollten Sie
den Kandidaten etwa zu 80 % sprechen lassen und versuchen, ihn zu verstehen.
Wenn Sie damit beginnen, als Erstes über die Stelle zu sprechen und zu erzählen,
was Ihnen wichtig ist, dann wird Ihr Gesprächspartner mit hoher Wahrscheinlichkeit das sagen, was Sie hören wollen. Machen Sie es deshalb andersrum: Finden
Sie erst mehr über Ihren Gesprächspartner heraus und verkaufen Sie dann den Job.

Um sozial erwünschte Antworten zu reduzieren, sind die Fragen, die Sie stellen,
entscheidend. Das heißt: Je erwartbarer Ihr Gesprächsaufbau und je traditioneller
Ihre Fragen sind, desto erwartbarer und sozial erwünschter werden die Antworten
darauf sein. Schauen Sie dazu am besten mal die gängigsten Bewerbungstipps im
Internet für Bewerber an und meiden Sie genau die dort beschriebenen Fragen.
Denn auf diese bereitet sich fast jeder Bewerber vor *(was sind Ihre Stärken und
Schwächen; wo sehen Sie sich in fünf Jahren; warum wollen Sie bei uns arbeiten?).*

---

[1] (Phillips, 1998).

Gespräche, die größtenteils auf diesen Fragen basieren, haben kaum prognostische Aussagekraft. Letztlich ist es so: Sie werben mit Ihrer Interviewführung und Ihrem Bewerbungsprozess für Ihr Unternehmen und Ihre Professionalität. Wenn Ihre Gesprächsführung so klingt, als wäre sie aus dem „Handbuch für dein erstes Vorstellungsgespräch", dann ist das schlecht und sorgt nur dafür, dass Ihr Jobinterview einem Theater aus vorgefertigten Worthülsen und Selbstmarketingsprüchen aus dem Internet ähneln wird.

5.2   Verstehen, nicht annehmen

Nachdem Sie eine vertrauensvolle Basis geschaffen haben, geht es ans Verstehen. Erst verstehen, dann verkaufen – das gilt auch für Ihr Jobinterview. Sie möchten in der Lage sein, Ihren Gesprächspartner zu begeistern und setzen sofort zum Pitch an? Dann ist die Wahrscheinlichkeit höher, dass die Inhalte Ihres Pitches für Ihren Kandidaten nicht relevant sind.

Viel klüger ist es, erst die berufliche Situation, die Wünsche und Ziele und die Veränderungsmotivation Ihres Gesprächspartners verstanden zu haben. Denn dann können Sie zielgerichtet genau die Aspekte des Jobs hervorheben, die für Ihren Gesprächspartner relevant sind.

Dazu eine Analogie: Stellen Sie sich mal vor, Sie haben einen eigenen Stand auf einem Wochenmarkt. Da Sie ein sehr aktiver Verkäufer sind, sprechen Sie vorbeigehende Leute direkt an und verwickeln sie in ein Gespräch. Ineffektiv wäre es, wenn Sie sofort „pitchen" und fragen, ob die Passanten Ihr Gemüse kaufen möchten. Ein großer Teil dieser Menschen wird im Moment wahrscheinlich nichts benötigen – diese werden mit „Nein" antworten und weitergehen. Effektiver wäre es, mit den Passanten offen ins Gespräch zu kommen und zu fragen, was es denn am Wochenende mit der Familie zu essen gibt. Oder zu schauen, was die Leute bereits im Einkaufskorb haben und dazu passende Produkte empfehlen.

Dann kommen Sie ins Gespräch und können, nachdem Sie Informationen gewonnen haben, entweder die Tomaten für den Hauptgang oder Ananas für den Nachtisch empfehlen. Der Nutzen, nicht sofort zu pitchen ist: Ihr Handlungsspielraum erweitert sich.

Dasselbe Prinzip des Verstehens gilt im Jobinterview. Sie sollten als Interviewer also Fragen stellen, welche die Fantasie des Kandidaten anregen und ihm helfen, seine Bedürfnisse zu formulieren. Was dem „Verstehen" am häufigsten im Weg steht, sind wahrscheinlich Ihre Annahmen.

Unwahrscheinlich viele Menschen überschätzen sich in Ihrer Fähigkeit, andere Menschen einschätzen zu können und sind sich der zahlreichen Urteilsfehler, denen jeder Mensch unterliegt, nicht bewusst[2]. Ich nenne das die größte unbewusste Inkompetenz im Recruiting-Business. Viel zu oft sind Annahmen wie: *„der Kandidat hat riesiges Interesse, er will den Job unbedingt"*, *„der Kandidat will gar nicht wechseln und nur seinen Marktwert prüfen"* oder *„der Kandidat will die Position nur als schnelles Sprungbrett nutzen"* ausschließlich auf dem persönlichen Eindruck aus dem Gespräch aufgebaut. Beobachtbare und interpretationsfreie Belege für diesen Eindruck gibt es aber nicht.

Annahmen werden häufig getroffen, ohne dass der Gesprächspartner das explizit formuliert hat oder dieser Eindruck verifiziert wurde. Es wird jedoch so getan, als handele es sich nicht um Annahmen, sondern um Wissen. Sich im Recruitingprozess auf Annahmen zu stützen, ist schlussendlich nicht zielführend. Zwar wird es immer Dinge geben, die Sie nicht zu 100 % wissen werden – mit der folgenden Methode lernen Sie jedoch, weniger anzunehmen und mehr zu wissen.

Wenn Sie wissen und nicht annehmen möchten, sollten Sie die „Zwiebel schälen" und sich nicht mit den erstbesten Erklärungen Ihres Gesprächspartners zufriedengeben. Das „Schälen der Zwiebel" ist dabei eine Metapher für das schrittweise Aufdecken der Bedürfnisse Ihres Kandidaten.

Sie können nicht davon ausgehen, dass sich Ihre Gesprächspartner ihrer beruflichen Bedürfnisse und Wünsche glasklar bewusst sind. Da Menschen selten den Beruf wechseln und sich auch nicht täglich mit ihren beruflichen Bedürfnissen beschäftigen, offenbaren sie sich erst richtig durch kluge Nachfragen.

Jedenfalls werden Sie mit einer Frage wie *„was ist Ihnen denn wichtig?"* mit geringer Wahrscheinlichkeit an die wirklichen Bedürfnisse Ihres Kandidaten herankommen.

Häufig lauten dann die Antworten: *„das Team muss halt passen"*, oder *„ich muss mich halt wohlfühlen"*. Das hilft Ihnen zum Verständnis der Person nicht besonders weiter.

Zusätzlich wissen wir als Interviewer nicht, ob die Wünsche unseres Gesprächspartners nur geäußert werden, um sich ins rechte Licht zu rücken (soziale Erwünschtheit), ob es sich um Wünsche des engen sozialen Umfeldes der Person handelt oder wirklich um deren eigene persönlichen Wünsche. Ihre Aufgabe als „Karriereberater", ist es, an dieser Stelle des Gesprächs in die Tiefe zu gehen und zu verstehen, bevor Sie den Job verkaufen.

---

[2] (Whysall, 2018).

Mit diesen Techniken schälen Sie die Zwiebel:
Kluge Fragen stellen: Stellen Sie immer offene Fragen und Folgefragen, vermeiden Sie Suggestivfragen und Kettenfragen. Offene Fragen können Sie dabei, vor allem, beim Gesprächseinstieg besonders offen gestalten. Damit geben Sie weniger Gelegenheit, sozial erwünscht zu antworten und geben viel Raum für Nachfragen. Sie regen die Fantasie des Kandidaten an und helfen ihm, seine Bedürfnisse zu formulieren:

- *„Erzählen Sie mal, wie kommt es denn dazu, dass wir jetzt miteinander sprechen?"*
- *„Sie haben sich ja beworben – was ist im Moment die wichtigste Veränderung, die Sie sich im Beruf wünschen?"*
- *„Wie sieht denn Ihr Traumjob aus?" – „Wenn Sie eine Rangfolge mit den für Sie fünf wichtigsten Aspekten erstellen müssten, wie würde sie aussehen und warum?"*
- *Gab es eine Zeit, in der Sie beruflich richtig zufrieden waren? Was war ausschlaggebend?*
- *Was müsste Ihnen Ihr Arbeitgeber anbieten, damit Sie bei ihm bleiben?*
- *Was möchten Sie in Ihrem Job gar nicht erleben?*
- *Stellen Sie sich Ihr Wunsch-Ich in 10 Jahren vor, wo steht diese Person beruflich?*

Paraphrasieren: Überprüfen Sie Ihr Verständnis immer wieder durch Paraphrasierungen: *„Ich würde das gerne in meinen eigenen Worten wiederholen, nicht damit ich etwas falsch verstanden habe:…"; „Habe ich Sie richtig damit verstanden, dass Ihnen besonders wichtig ist, zumindest mittelfristig die Chance auf eine Führungsposition zu erhalten?".* Das vermittelt den Eindruck, dass Sie daran interessiert sind, Ihren Kandidaten zu verstehen.
Szenarien testen: Hinterfragen Sie Antworten durch Szenarien. Szenarien sind simple, fiktive Situationen, die Sie Ihrem Gesprächspartner unterbreiten und die letztlich testen, unter welchen Bedingungen die Aussage des Gesprächspartners gültig bleibt. Das folgende Szenario skizziert ein fiktives Szenario und deckt auf, dass die vom Kandidaten gewünschte Führungsposition nur die Voraussetzung für ein dahinterliegendes Ziel der Person ist. Ihr geht es nicht primär um eine Führungsposition, sondern eigentlich um die finanzielle Absicherung ihrer Familie. Solche Erkenntnisse verändern den gesamten Prozess des Jobsellings – sie ermöglichen Ihnen passgenaue Ideen und Lösungen für Ihren Kandidaten zu entwickeln. Im Fall dieses Beispiels könnte eine Lösung sein, eine finanzielle

Perspektive auszuarbeiten und die Führungsperspektive außen vor zu lassen. Hier ist der Beispieldialog:

> *I: „Ok, verstehe. Damit ich das besser einschätzen kann: Was würde es denn bedeuten, wenn Sie bei einer Firma anfangen, die Ihnen mittelfristig eine Führungsposition verspricht und nachher stellt sich heraus, dass es doch nicht klappt?*
> *(Negativszenario)*
> *K: „Naja, ich habe halt meine Ziele und ich sag mal, man muss ja auch eine Familie ernähren. Deshalb wäre das ziemlich schlecht für mich. "*
> *I: "Was meinen Sie damit – Sie müssen eine Familie ernähren? "*
> *K: „Wir bekommen zusätzlichen Nachwuchs und haben ein Haus gebaut – das Leben ist teuer "*
> *I: „Das glaube ich Ihnen. Das heißt, wenn ich Sie richtig verstehe, ist eine Führungsposition willkommen, aber eigentlich geht es Ihnen vor allem um die finanzielle Sicherheit hinsichtlich Ihrer Familie?*
> *K: „Ja genau, das stimmt. "*

Moralischen Vorvertrag schließen: Ein gutes Szenario, um die Entscheidungsfreudigkeit zu testen ist der moralische Vorvertrag: *„Mal angenommen, alle von Ihnen genannten Wünsche wären erfüllt, wir hätten die Gespräche hinter uns, ich lege Ihnen den Vertrag vor – würden Sie ihn unterschreiben?"* Dieses Szenario legt offen, welche Sorgen und welche Mitmenschen bei der Entscheidung eine Rolle spielen.

In die Vergangenheit blicken: Überprüfen Sie Motive immer darauf, ob sie durch entsprechendes Verhalten in der Vergangenheit „belegt" wurden. Vergangene, wiederholte Verhaltensmuster bieten einen höheren prognostischen Wert hinsichtlich künftigen Verhaltens als rein verbale Behauptungen[3]. So etwas können Sie biografisch erfragen und sich z. B. konkrete Situationen schildern lassen, in denen diese Motive handlungsleitend waren. Darüber hinaus können Sie auch Behauptungen mit dem bisherigen Werdegang abgleichen: Wer sich als äußerst motiviert und karriereorientiert beschreibt, jedoch bislang keine nennenswerten Erfolge oder Anstrengungen nachweisen kann, der scheint diese Motive nicht verinnerlicht zu haben und möchte sich möglicherweise nur in ein positives Licht rücken.

Konsistenz prüfen: Überprüfen Sie die Konsistenz von Aussagen. Sie sind sich nicht sicher, ob eine Aussage Ihre Kandidaten ehrlich ist? Erfragen Sie sie aus mehreren Blickwinkeln und bestenfalls über zwei Interviews hinweg. Lügen

---

[3] (Hough & Oswald, 2000).

lassen sich bei mehrmaliger Überprüfung schwieriger aufrechterhalten. Inkonsistente Antworten oder jedes Mal exakt gleich klingende Formulierungen (eingeübte Formulierungen) sind ein guter Hinweis auf Unwahrheiten.

Den Elefanten im Raum adressieren: Häufig gibt es im Prozess offensichtliche Dinge, die mit hoher Wahrscheinlichkeit dafür sorgen werden, dass eine Einstellung nicht funktioniert, sogenannte Deal Breaker. Das können lange Fahrtzeiten sein, unrealistische Gehaltswünsche, familiäre Verpflichtungen, kleine Kinder, hohe Arbeitsbelastung usw. Wenn diese „Elefanten im Raum", also offensichtliche Deal Breaker nicht frühzeitig adressiert werden, dann können Sie Ihnen später im Prozess häufig auf die Füße fallen. Aus Angst, Kandidaten vorschnell zu verlieren, sprechen manche Arbeitgeber diese Aspekte zu spät an. Offensichtliche Deal Breaker sollten sehr früh im Prozess besprochen und behandelt werden – sie verlieren im Laufe des Recruitingprozesses in der Regel nicht an Bedeutung.

Wenn Sie nun die Zwiebel geschält haben und die Bedürfnisse Ihres Kandidaten verstehen, dann werden Sie die wichtigste Frage leichter beantworten können: *„Weiß ich, was mein Kandidat erwartet oder nehme ich es an?"* Diese Frage sollten Sie auf alle Ihre Meinungen, Einstellungen, Haltungen gegenüber Ihrem Kandidaten anwenden.

Solange Sie sich noch zu sehr im „Raum der Annahmen" bewegen, nicht im „Raum des Wissens", dann sollten Sie noch weiter die Zwiebel schälen. Beispiel: Sie sind der Meinung, Ihr Kandidat ist ein Mensch, der gemütlich ist und ungern die Extra-Meile geht. Dann fragen Sie sich, ob Sie das *wissen*, oder ob Sie das *annehmen* und woran Sie das konkret festmachen. Das hilft enorm dabei, das eigene Urteil zu schärfen und ggf. bestimmte Punkte nochmals tiefer zu hinterfragen und nach Beweisen zu suchen.

5.3   Den Job verkaufen

Sie haben das Vertrauen zu Ihrem Kandidaten hergestellt und durch das Schälen der Zwiebel die Wünsche und Bedürfnisse gründlich hinterfragt, getestet und verstanden. Nun ist es Zeit, in die Phase des Jobsellings einzutauchen. Je tiefer Ihr Verständnis Ihres Gesprächspartners ist, desto treffender können Sie die Inhalte vermitteln, die für Ihren Kandidaten von Bedeutung sind.

Gutes Jobselling muss den Kandidaten nicht „überzeugen und überreden", sondern sorgt dafür, dass er von sich aus auf die Idee kommt, dass das Arbeiten für Ihr Unternehmen die einzig logische Entscheidung ist.

Die Phase des Jobsellings können Sie mit Ihrem Pitch starten: *„Danke für Ihre Offenheit bislang. Wenn es für Sie in Ordnung ist, dann erzähle ich Ihnen mal was zur Position ".* Ihren Pitch können Sie so aufbauen: Sie beginnen mit dem „großen Ganzen", nämlich mit der Vorstellung der Firma, was sich aktuell am Markt oder in der Branche Spannendes tut, der Anzahl der Mitarbeiter und Standorte, Arbeitgeberstärken, wie die Kunden ticken, Ihrer Kultur usw.

Fokussieren Sie sich auf Dinge, die für Ihren Gesprächspartner relevant sind und ihm dabei helfen sich ein Bild zu machen. Verzichten Sie auf für Bewerber irrelevante und langweilige Informationen, die sich nicht auf Bewerber-Bedürfnisse beziehen. Danach gehen Sie auf die Position ein, auch hier beginnen Sie mit dem großen Ganzen, nämlich dem Leistungsträger-Baustein „LT-Herausforderung". Danach beschreiben Sie das LT-Umfeld, das belegt, dass Ihr Kandidat bei Ihnen leisten kann. Als nächstes gehen Sie auf die LT-Ziele und zum Schluss auf LT-Entwicklung ein.

Dadurch weiß Ihr Kandidat konkret was erwartet wird und wie er sich bei Ihnen weiterentwickeln kann. Durch Ihre Vorstellung der LT-Bausteine wird Ihr Kandidat wahrscheinlich bereits bei einigen seiner persönlichen Ziele den Eindruck haben, dass er sie bei Ihnen erreichen kann.

Richtig individuell gehen Sie aber erst jetzt, im nächsten Schritt, auf die Bedürfnisse ein, die Sie im ersten Teil des Gesprächs beim „Zwiebel schälen" erfasst haben. Nun ist es Zeit, diese Bedürfnisse emotional zu füttern. Sie haben ja analysiert, welche Ziele, Wünsche und Bedürfnisse Ihr Kandidat hat. Gehen Sie nun auf jeden Aspekt isoliert ein. Sie können, wenn Sie möchten, diesen Prozess transparent benennen: *„Ich glaube, ganz gut verstanden zu haben, was Ihnen wichtig ist. Lassen Sie mich versuchen, Ihnen exakt zu erklären, warum wir gut zu Ihnen passen...".*

Nun beginnen Sie mit Ihrer „Beweisführung", d. h. Sie belegen, wieso die Motive Ihres Kandidaten gerade bei Ihnen besonders gut erfüllt werden. Das können Sie, je nach Erfahrung richtig ausschmücken und emotionalisieren. Sie können Träume und Wunschzustände ausmalen und beschreiben, Sie können nochmal negative Erfahrungen und Schmerzpunkte Ihres Kandidaten „austreten", erneut tiefer darauf eingehen und danach belegen, wieso er das bei Ihnen nicht erleben wird. Wenn Sie bereits mehrere Gespräche hatten, können Sie Ihren Kandidaten auch nochmal an die eigenen Schmerzpunkte und Beweggründe erinnern. Kurzum: Sie füttern die Emotionen. Je nachdem, wie geübt Sie in dem Prozess sind, können Sie zusätzlich die Profi-Vertriebstechniken aus dem vorherigen Kapitel nutzen.

Hier ist der Ablauf des Jobsellings zusammengefasst

1. Vertrauen schaffen und die Rolle des Karriereberaters einnehmen
2. Die Zwiebel schälen: Verstehen und nicht annehmen
   a) Offen nachfragen und paraphrasieren
   b) Aussagen mit Szenarien testen
   c) Motive anhand der Biografie kritisch hinterfragen
   d) Deal Breaker adressieren
3. Pitchen: Leistungsträger-Bausteine vorstellen
4. Die wichtigsten Motive des Kandidaten isoliert besprechen und belegen, warum Sie den richtigen Arbeitsplatz für das jeweilige Motiv bieten. ◄

Fazit – die Entscheidung liegt bei Ihnen 6

Herzlichen Glückwunsch! Sie haben nun einen umfassenden Leitfaden in der Hand, der Ihnen zeigt, wie Sie systematisch und effektiv Leistungsträger für Ihren Vertrieb gewinnen können. Sie wissen jetzt, dass es nicht nur darum geht, eine Stelle zu besetzen, sondern ein durchdachtes Angebot zu schaffen, das auf diese Zielgruppe zugeschnitten ist.

Indem Sie die Psychologie des Jobwechsels verstehen und die vier Leistungsträger-Bausteine in Ihrem Recruitingprozess anwenden, setzen Sie sich deutlich von der Konkurrenz ab. Sie haben gelernt, wie Sie fesselnde Botschaften formulieren, die Macht der richtigen Wortwahl nutzen und im persönlichen Gespräch Vertrauen aufbauen.

Die Verantwortung liegt jetzt bei Ihnen: Entscheiden Sie sich dafür, dieses Wissen auf Ihr Recruiting Schritt für Schritt anzuwenden? Oder verlassen Sie sich auf das Prinzip Hoffnung, den Zufall oder einfach Ihr Glück? Beginnen Sie noch heute damit, Ihre Vertriebspositionen zu überdenken und zu optimieren. So gewinnen Sie Leistungsträger für Ihren Vertrieb, die Ihr Unternehmen richtig voranbringen. Vergessen Sie nie: Die besten Vertriebsmitarbeiter warten nicht – sie wählen. Sorgen Sie dafür, dass ihre Wahl auf Sie fällt!

6.1 Bonus: Leistungsträger-Auswahl

Wenn Sie zusätzlich in der Personalauswahl von Leistungsträgern vor einer Herausforderung stehen, dann schauen Sie auf www.shr-recruiting.de vorbei – dort finden Sie eine kostenlose und einfach umsetzbare Anleitung unseres beliebten

L. Schlotter, *Recruiting von Vertriebsexperten,* essentials, https://doi.org/10.1007/978-3-658-46928-3_6

Leistungsträger-Assessments. Das hilft Ihnen dabei, eine wissenschaftlich valide und verlässliche Personalauswahl im Vertrieb zu entwickeln. Alternativ finden Sie nützliche Inhalte auf meinem Youtube-Kanal „Lorenz Schlotter – Recruiting im Vertrieb". Viel Erfolg beim Umsetzen!

Was Sie aus diesem *essential* mitnehmen können

- Im Vertriebsrecruiting lohnt es sich besonders, Bemühungen auf Leistungsträger auszurichten.
- Leistungsträger im Vertrieb orientieren sich beim Wechsel des Arbeitgebers an Aspekten, die im Recruiting häufig nicht beachtet werden.
- Erfolgreiches Vertriebsrecruiting berücksichtigt die vier Leistungsträger-Bausteine.
- Präzise Botschaften und der richtige Einsatz von Vertriebs- und Marketingtechniken sind im Recruiting erfolgsentscheidend.
- Im Jobinterview ist es entscheidend, Jobselling zu betreiben, um erfolgreich Leistungsträger zu überzeugen.

L. Schlotter, *Recruiting von Vertriebsexperten,* essentials, https://doi.org/10.1007/978-3-658-46928-3

Literatur

Barton, B., Zlatevska, N., & Oppewal, H. (2022). Scarcity tactics in marketing: A meta-analysis of product scarcity effects on consumer purchase intentions. *Journal of Retailing, 98*(4), 741–758. https://doi.org/10.1016/j.jretai.2022.06.003.

Cialdini, R. B. (2017). *Die Psychologie des Überzeugens: Wie Sie sich selbst und Ihren Mitmenschen auf die Schliche kommen* (M. Wengenroth, Übers.; 8., unveränderte Aufl.). Hogrefe.

Collins, J. C. (2020). *Der Weg zu den Besten: Die sieben Management-Prinzipien für dauerhaften Unternehmenserfolg* (M. Baltes & F. Böhler, Übers.). Campus Verlag.

Dixon, M., & Adamson, B. (2013). *The challenger sale: How to take control of the customer conversation*. Portfolio Penguin.

Gaucher, D., Friesen, J., & Kay, A. C. (2011). Evidence that gendered wording in job advertisements exists and sustains gender inequality. *Journal of Personality and Social Psychology, 101*(1), 109–128. https://doi.org/10.1037/a0022530.

Gerhard Stemmler, Hagemann, D., Amelang, M., & Spinath, F. M. (2016). *Differentielle Psychologie und Persönlichkeitsforschung* (8., überarbeitete Aufl.). Verlag W. Kohlhammer.

Gigerenzer, G., & Gaissmaier, W. (2011). Heuristic Decision Making. *Annual Review of Psychology, 62*(1), 451–482. https://doi.org/10.1146/annurev-psych-120709-145346.

Häusel, H.-G. (2016). *Brain View: Warum Kunden kaufen* (4. Aufl.). Haufe Gruppe.

Hough, L. M., & Oswald, F. L. (2000). Personnel Selection: Looking Toward the Future-Remembering the Past. *Annual Review of Psychology, 51*(1), 631–664. https://doi.org/10.1146/annurev.psych.51.1.631.

Hüttenrauch, M., & Baum, M. (2013). *Effiziente Vielfalt: Die dritte Revolution in der Automobilindustrie*. Springer.

IAB Institut für Arbeitsmarkt- und Berufsforschung. (o. J.). *IAB Grafik Entwicklung Arbeitsmarkt*. https://iab.de/grafiken-und-daten/beruf-struktur-entwicklung/?beruf=1467&region=1&qualifikation=0&jahre=2013%2C2016%2C2019%2C2021%2C2022#iab-results.

Jackson, D. W., Hollmann, T., & Gallan, A. S. (2006). Examining career development programs for the sales force. *Journal of Business & Industrial Marketing, 21*(5), 291–299. https://doi.org/10.1108/08858620610681597.

Kanagaretnam, K., Mestelman, S., Nainar, S. M. K., & Shehata, M. (2010). Trust and reciprocity with transparency and repeated interactions. *Journal of Business Research, 63*(3), 241–247. https://doi.org/10.1016/j.jbusres.2009.03.007.

Kastanakis, M. N., Magrizos, S., & Kampouri, K. (2022). Pain (and pleasure) in marketing and consumption: An integrative literature review and directions for future research. *Journal of Business Research, 140*, 189–201. https://doi.org/10.1016/j.jbusres.2021.11.071.

Lent, R. W., & Brown, S. D. (2020). Career decision making, fast and slow: Toward an integrative model of intervention for sustainable career choice. *Journal of Vocational Behavior, 120*, 103448. https://doi.org/10.1016/j.jvb.2020.103448.

Locke, E. A., & Latham, G. P. (2002). Building a practically useful theory of goal setting and task motivation: A 35-year odyssey. *American Psychologist, 57*(9), 705–717. https://doi.org/10.1037/0003-066X.57.9.705.

Messersmith, J. G., Patel, P. C., Lepak, D. P., & Gould-Williams, J. S. (2011). Unlocking the black box: Exploring the link between high-performance work systems and performance. *Journal of Applied Psychology, 96*(6), 1105–1118. https://doi.org/10.1037/a0024710.

Montoya, R. M., & Horton, R. S. (2013). A meta-analytic investigation of the processes underlying the similarity-attraction effect. *Journal of Social and Personal Relationships, 30*(1), 64–94. https://doi.org/10.1177/0265407512452989.

Nur Rahman, S. A., & Aribowo, A. (2024). The Influence of Social Media Marketing and Brand Awareness on Purchase Decisions for Make Over Beauty Products. *International Journal of Management Science and Application, 3*(2), 121–131. https://doi.org/10.58291/ijmsa.v3i2.291.

Phillips, J. M. (1998). Effects of Realistic Job Previews on Multiple Organizational Outcomes: A Meta-Analysis. *Academy of Management Journal, 41*(6), 673–690. https://doi.org/10.2307/256964.

Sander, M. (2001). Entwicklungslinien und aktuelle Trends im Marketing. In S. K. Berninghaus & M. Braulke (Hrsg.), *Beiträge zur Mikro- und zur Makroökonomik* (S. 395–407). Springer Berlin Heidelberg. https://doi.org/10.1007/978-3-642-56606-6_32.

Shipley, D. D., & KIely, J. A. (2013). Industrial Salesforce Motivation and Herzberg's Dual Factor Theory: A UK Perspective. *Journal of Personal Selling and Sales Management.* https://doi.org/10.1080/08853134.1986.10754409.

SOLCOM GmbH. (o. J.). *SOLCOM-Karriere.* https://karriere.solcom.de/.

Vancouver, J. B., & Day, D. V. (2005). Industrial and Organisation Research on Self-Regulation: From Constructs to Applications. *Applied Psychology, 54*(2), 155–185. https://doi.org/10.1111/j.1464-0597.2005.00202.x.

Verbeke, W., Dietz, B., & Verwaal, E. (2011). Drivers of sales performance: A contemporary meta-analysis. Have salespeople become knowledge brokers? *Journal of the Academy of Marketing Science, 39*(3), 407–428. https://doi.org/10.1007/s11747-010-0211-8.

Whysall, Z. (2018). Cognitive Biases in Recruitment, Selection, and Promotion: The Risk of Subconscious Discrimination. In V. Caven & S. Nachmias (Hrsg.), *Hidden Inequalities in the Workplace* (S. 215–243). Springer International Publishing. https://doi.org/10.1007/978-3-319-59686-0_9.